MAÎTRISER L'ART DE LA RÉVISION CONTRACTUELLE

Guide pour Sécuriser vos Accords Commerciaux

Natacha Shama

CONTENTS

Title Page	
Introduction	1
Chapitre 1 : Les Fondamentaux des Contrats Commerciaux	3
Chapitre 2 : L'Analyse des Clauses Contractuelles	19
Chapitre 3 : Méthodologie de Révision Contractuelle	37
Chapitre 4 : Les Failles Courantes et Comment les Corriger	53
Chapitre 5 : La Négociation Contractuelle	68
Chapitre 6 : La Formalisation et le Suivi des Contrats	91
Conclusion	116

INTRODUCTION

Dans un monde où les transactions commerciales sont omniprésentes, la capacité à lire, comprendre et réviser un contrat commercial devient une compétence indispensable. Que vous soyez entrepreneur, professionnel du droit, acheteur ou simplement une personne désireuse de sécuriser ses transactions, savoir identifier et corriger les failles d'un contrat est une aptitude précieuse.

Les contrats commerciaux constituent la colonne vertébrale des relations d'affaires. Ils encadrent les obligations des parties, définissent les conditions de fourniture de biens et services, et fournissent un cadre pour la résolution des conflits. Malheureusement, ils sont souvent rédigés dans un langage juridique complexe et dense, susceptible de comporter des pièges ou des failles qui peuvent avoir des conséquences désastreuses.

L'objectif de ce livre est de démystifier ce processus. Vous apprendrez non seulement à lire et comprendre les contrats commerciaux, mais aussi à identifier et corriger les erreurs ou les clauses mal rédigées. Chaque chapitre vous guide à travers des principes fondamentaux, des méthodologies pratiques et des exemples concrets pour vous permettre de devenir compétent dans l'art de la révision contractuelle.

Ce livre est conçu pour être accessible à tous. Vous n'avez pas besoin d'avoir une formation juridique pour suivre et appliquer les conseils qu'il contient. Les concepts sont expliqués de manière claire et les nombreux exemples et exercices pratiques vous permettront de mettre en pratique vos nouvelles compétences immédiatement.

En investissant le temps nécessaire pour maîtriser l'art de la révision contractuelle, vous gagnez non seulement en sécurité juridique, mais aussi en confiance lors de vos négociations commerciales. Vous serez en mesure d'anticiper et d'éviter les litiges, de négocier des termes plus favorables et de protéger vos intérêts de manière plus efficace.

Préparons-nous à plonger dans l'univers des contrats commerciaux, à découvrir leurs rouages et à apprendre comment les utiliser à notre avantage. Le voyage vers une meilleure compréhension des contrats commence ici.

CHAPITRE 1 : LES FONDAMENTAUX DES CONTRATS COMMERCIAUX

1.1 Définition d'un contrat commercial

Un contrat commercial est un accord formel entre deux ou plusieurs parties qui s'engagent à respecter des obligations et des droits réciproques en matière commerciale. L'objectif principal de ce type de contrat est de formaliser une relation d'affaires, qu'il s'agisse de la vente de biens, de la fourniture de services, ou d'une collaboration stratégique. Les contrats commerciaux sont utilisés pour sécuriser les transactions et définir clairement les attentes de chaque partie.

Ces documents contractuels doivent être rédigés de manière précise et détaillée afin d'éviter toute ambiguïté qui pourrait mener à des malentendus ou des litiges. La rédaction d'un contrat commercial doit inclure les éléments clés suivants :

- **Les parties contractantes** : Identification des entités ou individus impliqués, leurs coordonnées et leur statut juridique.
- **L'objet du contrat** : Description claire et détaillée des

biens ou services concernés par l'accord.
- **Les obligations des parties** : Définition des responsabilités spécifiques de chaque partie, y compris les modalités de livraison, les standards de qualité, et les conditions de paiement.
- **La durée du contrat** : Période pendant laquelle l'accord est valide, y compris les dates de début et de fin, ainsi que les conditions de renouvellement ou de résiliation.
- **Les conditions financières** : Détails relatifs aux prix, aux modalités de paiement, aux éventuels frais supplémentaires, et aux délais de paiement.

Un bon contrat commercial doit aussi prévoir des mécanismes de gestion des risques, comme les assurances, les garanties, et la gestion des réclamations. Il doit également inclure des clauses de résolution des litiges expliquant comment les différends seront traités, que ce soit par médiation, arbitrage ou recours judiciaire.

Pour qu'un contrat commercial soit valide, il doit impérativement respecter certaines conditions légales. En premier lieu, les parties doivent être légalement capables de contracter, c'est-à-dire avoir la capacité juridique de comprendre et de s'engager dans les termes de l'accord. En outre, le contenu du contrat doit être licite et conforme aux réglementations en vigueur.

En conclusion, un contrat commercial bien rédigé est un outil essentiel pour établir des relations d'affaires solides et durables. Il protège les intérêts des parties en fournissant un cadre juridique clair et précis pour leurs interactions commerciales.

1.2 Types de contrats commerciaux

Les contrats commerciaux se déclinent en une multitude de formes, selon les besoins spécifiques des parties et la nature des transactions qu'ils encadrent. Comprendre les différents types de contrats commerciaux est essentiel pour choisir le document le plus adapté à chaque situation d'affaires. Voici un panorama des principaux types de contrats commerciaux :

Contrat de Vente

Le contrat de vente est l'un des types les plus courants de contrats commerciaux. Il encadre la vente de biens entre un vendeur et un acheteur. Ce type de contrat précise les détails des biens vendus, le prix convenu, les conditions de livraison, ainsi que les obligations de chaque partie concernant le transfert de propriété et le paiement.

Contrat de Prestations de Services

Ce contrat formalise l'accord entre un prestataire de services et son client. Il définit la nature des services à fournir, les délais d'exécution, les normes de qualité attendues, et les conditions de rémunération. Ce type de contrat est fréquemment utilisé dans les secteurs tels que le conseil, la maintenance technique, le nettoyage, et les services informatiques.

Contrat de Distribution

Ce type de contrat encadre la relation entre un fournisseur de produits et un distributeur qui va commercialiser ces produits. Le contrat de distribution énonce les termes de la vente des produits au distributeur, les zones géographiques de distribution, les objectifs de vente, et les obligations respectives des parties en termes de marketing, de stockage, et de support technique.

Contrat de Franchise

Le contrat de franchise permet à une entreprise (le franchiseur) de concéder à une autre (le franchisé) le droit d'exploiter une marque et un savoir-faire en échange de redevances. Ce contrat précise les obligations du franchisé en termes de conformité aux standards de la marque, la formation initiale et continue, l'approvisionnement, et le financement. Il inclut également des clauses de territorialité et de durée.

Contrat de Partenariat

Les contrats de partenariat formalisent la collaboration entre deux ou plusieurs parties pour atteindre un objectif commun, souvent en partageant ressources et risques. Ces contrats détaillent les rôles, les contributions financières et matérielles de chaque partie, la répartition des bénéfices et des pertes, ainsi que les mécanismes de prise de décision et de résolution des conflits.

Contrat de Licence

Ce type de contrat permet à une partie (le licencié) d'utiliser la propriété intellectuelle d'une autre (le concédant) moyennant une redevance. La propriété intellectuelle peut inclure des brevets, des marques, des droits d'auteur, ou des savoir-faire techniques. Le contrat de licence clarifie les droits d'utilisation, les limitations géographiques et temporelles, et les obligations de maintien en vigueur de la propriété intellectuelle.

Contrat de Sous-traitance

Les contrats de sous-traitance sont utilisés lorsqu'une entreprise (le donneur d'ordre) confie à une autre (le sous-traitant) la réalisation de certaines tâches ou la production de biens spécifiques. Ce type de contrat précise les prestations attendues, les normes de qualité, les délais de livraison, et les conditions de rémunération. Il comporte souvent des clauses de confidentialité et de propriété industrielle.

Chaque type de contrat commercial répond à des besoins spécifiques et contient également des clauses adaptées aux particularités des relations commerciales qu'il encadre. Choisir le bon type de contrat est donc crucial pour sécuriser les transactions et veiller à ce que toutes les parties respectent leurs engagements contractuels.

1.3 Les parties prenantes d'un contrat commercial

Les parties prenantes d'un contrat commercial sont les entités ou individus qui s'engagent légalement à respecter et à exécuter les termes du contrat. Chaque partie prenante joue un rôle déterminant dans l'exécution du contrat et a des droits et obligations spécifiques. Bien comprendre le rôle de chaque partie est essentiel pour garantir que les termes du contrat soient respectés. Voici les principales parties prenantes d'un contrat commercial :

Le Vendeur

Le vendeur, ou le fournisseur, est la partie qui propose les biens ou services au sein du contrat. Les obligations principales du vendeur incluent la fourniture des biens ou services conformément aux spécifications contractuelles, dans les délais convenus, et avec la qualité attendue. Le vendeur est également responsable de fournir toute documentation pertinente (par exemple, manuels d'utilisation, certificats de garantie) et de respecter les conditions de livraison.

L'Acheteur

L'acheteur, ou le client, est la partie qui acquiert les biens ou services fournis par le vendeur. Les obligations de l'acheteur incluent le paiement du prix convenu, l'acceptation de la livraison, et le respect des conditions contractuelles concernant l'utilisation des biens ou services. L'acheteur doit également signaler tout défaut ou non-conformité des biens ou services dans les délais stipulés par le contrat.

Le Partenaire

Dans certains contrats, comme les contrats de partenariat ou les contrats de distribution, les partenaires sont des parties prenantes qui collaborent pour atteindre un objectif commun. Ces partenaires partagent les ressources, les risques, et les bénéfices. Chaque partenaire a des rôles et responsabilités spécifiques définis par le contrat, qui peuvent inclure la gestion de projet, la fourniture de capital, ou la mise à disposition d'expertise technique.

Le Franchisé et le Franchiseur

Dans le cadre d'un contrat de franchise, le franchiseur est l'entité qui accorde au franchisé le droit d'exploiter sa marque et son savoir-faire. Le franchiseur fournit la formation initiale, le support continu, et le droit d'utiliser la marque et les systèmes opérationnels. Le franchisé est la partie qui exploite le concept sous la marque du franchiseur et dont les obligations incluent le respect des standards opérationnels, le paiement des redevances, et la participation aux formations continues.

Le Licencié et le Concédant

Dans un contrat de licence, le concédant est la partie qui détient la propriété intellectuelle (par exemple, un brevet ou une marque) et qui accorde au licencié le droit d'utiliser cette propriété. Le concédant doit garantir la propriété et la validité de l'élément licencié et peut fournir un support technique ou commercial. Le licencié, quant à lui, a pour obligation de respecter les conditions d'utilisation, de payer les redevances, et de ne pas enfreindre les droits de propriété intellectuelle au-delà du cadre autorisé par le contrat.

Le Sous-traitant

Le sous-traitant est une partie qui exécute des tâches spécifiques pour le compte du donneur d'ordre dans le cadre d'un contrat de sous-traitance. Les obligations du sous-traitant incluent la réalisation des tâches conformément aux spécifications et aux délais convenus, et le respect des standards de qualité. Le donneur d'ordre doit fournir au sous-traitant tous les éléments nécessaires à l'exécution des tâches, ainsi que le paiement pour les services rendus.

Les Tierces Parties

En dehors des parties directes au contrat, il peut y avoir des tierces parties impliquées dont les rôles sont spécifiés dans le contrat. Il peut s'agir d'intermédiaires, de garants, ou d'entités de résolution des litiges. Ces tierces parties jouent souvent des rôles support pour assurer la bonne exécution et le respect des termes contractuels.

Un contrat commercial bien structuré doit clairement identifier toutes les parties prenantes et spécifier leurs rôles, responsabilités, et obligations. Une compréhension mutuelle de ces engagements est cruciale pour éviter les conflits et garantir une exécution fluide et efficace du contrat.

1.4 Les éléments essentiels d'un contrat

Un contrat commercial doit comporter plusieurs éléments essentiels qui garantissent sa validité et son efficacité. Une bonne compréhension de ces éléments est fondamentale pour rédiger et réviser des contrats solides et juridiquement conformes. Voici les principaux éléments qu'un contrat commercial doit inclure :

L'Offre et l'Acceptation

Le contrat commence par une offre de l'une des parties et l'acceptation de cette offre par l'autre partie. L'offre doit être claire, précise et complète ; elle spécifie les termes sur lesquels la partie offrante est prête à s'engager. L'acceptation, quant à elle, signifie que la partie acceptante accepte entièrement les termes de l'offre, sans modifications. Une acceptation conditionnelle ou modifiée crée une contre-offre, plutôt qu'une acceptation pure et simple.

La Capacité Contractuelle

Pour qu'un contrat soit valable, les parties doivent avoir la capacité juridique de contracter. Cela signifie qu'elles doivent être des personnes majeures, non frappées d'incapacité juridique, ou des entités légales dûment constituées. Les incapables majeurs, les mineurs non émancipés ou les personnes sous curatelle ne possèdent pas la capacité juridique nécessaire pour contracter, sauf dérogations précises prévues par la loi.

La Légalité de l'Objet

Le contrat doit porter sur un objet licite et non contraire à l'ordre public ou aux bonnes mœurs. Cela signifie que l'objet du contrat doit être légalement autorisé. Un contrat portant sur une activité illégale ou contenant des clauses illicites est nul et dépourvu d'effet juridique.

Une Cause Licite

La cause du contrat – le pourquoi les parties concluent le contrat – doit également être licite. La cause illicite rend le contrat nul. Une cause peut être illégale si elle implique des activités illicites ou est contraire à l'intérêt public.

Les Conditions Générales et Particulières

Les conditions générales sont des stipulations standardisées applicables à des contrats de même nature, régissant des aspects essentiels tels que la durée, les clauses de résiliation, et les responsabilités. Les conditions particulières, en revanche, sont spécifiquement adaptées à chaque contrat individuel et peuvent inclure des spécifications techniques, des délais particuliers, ou des obligations uniques.

Les Obligations des Parties

Le contrat doit détailler explicitement les obligations de chaque partie. Cela inclut ce que chaque partie doit faire pour exécuter le contrat, les délais dans lesquels ces obligations doivent être remplies, et les conditions de délivrance des prestations ou des biens. Une description claire des obligations évite les malentendus et facilite l'exécution et le suivi du contrat.

Les Clauses de Paiement

Les modalités de paiement sont un élément crucial de tout contrat commercial. Elles doivent inclure le montant à payer, les échéances de paiement, les modes de paiement acceptés, et les pénalités en cas de retard de paiement. Ces clauses protègent les intérêts financiers des parties et assurent la transparence des transactions financières.

Les Clauses de Garantie et de Responsabilité

Les clauses de garantie précisent les assurances fournies par le vendeur ou le prestataire sur la conformité et la qualité des biens ou services. Les clauses de responsabilité définissent les limites de la responsabilité des parties en cas de défauts, de dommages, ou de non-respect des obligations contractuelles. Ces clauses sont essentielles pour gérer les risques et prévoir les recours possibles.

La Durée et la Résiliation

Le contrat doit stipuler sa durée de validité, ainsi que les conditions de renouvellement et de résiliation. Cela inclut les situations dans lesquelles le contrat peut être résilié de manière anticipée, les préavis à respecter, et les conséquences de la résiliation. Préciser ces éléments assure que les parties savent à quoi s'attendre en cas de changements de circonstances.

Les Clauses de Résolution des Litiges

Il est essentiel de prévoir les mécanismes de résolution des litiges éventuels. Cela peut inclure des clauses de médiation, d'arbitrage ou de recours aux tribunaux compétents. Ces clauses permettent de déterminer comment les conflits doivent être gérés, minimisant ainsi les incertitudes et les coûts associés aux différends.

Les Signatures des Parties

Enfin, pour qu'un contrat soit valable, il doit être signé par les parties contractantes. La signature atteste de l'accord des parties sur les termes et conditions du contrat, rendant l'accord juridiquement contraignant.

En intégrant tous ces éléments, un contrat commercial devient un instrument efficace pour formaliser des relations d'affaires, protéger les intérêts des parties et fournir une base solide pour la mise en œuvre et l'exécution des engagements contractuels.

1.5 Conditions générales et conditions particulières

Les contrats commerciaux sont constitués de conditions générales et de conditions particulières, chacune jouant un rôle spécifique dans la structuration et l'application de l'accord. Ces deux types de conditions permettent de couvrir à la fois les aspects standards et les particularités uniques de chaque contrat.

Conditions Générales

Les conditions générales regroupent les clauses standardisées qui s'appliquent de manière uniforme à une catégorie de contrats. Elles sont conçues pour assurer une certaine homogénéité et couvrir des aspects récurrents dans tous les contrats similaires. Voici quelques exemples courants de clauses incluses dans les conditions générales :

- **Clause de Durée** : Détermine la durée de validité du contrat, les modalités de renouvellement, et les conditions de résiliation.
- **Clause de Paiement** : Énonce les modalités de paiement, incluant les échéances, les modes de paiement acceptés et les pénalités en cas de retard.
- **Clause de Responsabilité et Garantie** : Définit les responsabilités des parties en cas de défaut ou de dommages, ainsi que les garanties offertes par le vendeur ou prestataire.
- **Clause de Force Majeure** : Prévoit les circonstances exceptionnelles qui pourraient libérer les parties de leurs obligations sans pénalité, tels que les catastrophes naturelles ou les conflits armés.
- **Clause de Résolution des Litiges** : Indique les méthodes de résolution de conflits, telles que la médiation, l'arbitrage ou les recours judiciaires.

Les conditions générales sont souvent pré-rédigées et modifiées de manière minimale pour chaque nouveau contrat, ce qui facilite leur usage rapide et efficace.

Conditions Particulières

Les conditions particulières, en revanche, sont spécifiques à chaque contrat et ajustées en fonction des besoins et des exigences des parties prenantes. Elles complètent les conditions générales en précisant des aspects uniques ou en adaptant certaines clauses standardisées. Voici quelques exemples de clauses qui pourraient être incluses dans les conditions particulières :

- **Objets Spécifiques** : Description détaillée des biens ou services spécifiques à ce contrat particulier, y compris les spécifications techniques ou de performance.
- **Délais de Livraison** : Indication précise des dates et méthodes de livraison, adaptées aux besoins du client et aux capacités du fournisseur.
- **Conditions de Paiement Personnalisées** : Ajustements des modalités de paiement en fonction des accords particuliers entre les parties, telles que des termes de crédit spécifiques ou des remises.
- **Clauses Techniques ou Logistiques** : Dispositions sur des aspects spécifiques comme les méthodes de transport, le stockage, ou les procédures d'installation.
- **Engagements Particuliers des Parties** : Obligations supplémentaires que les parties s'engagent à respecter, telles que des rapports d'étape, des audits de qualité ou des formations spécifiques.

Les conditions particulières permettent une personnalisation du contrat pour répondre aux spécificités du projet ou de l'accord en cours, offrant ainsi une flexibilité accrue par rapport aux conditions générales.

Intégration des Conditions Générales et Particulières

Lors de la rédaction d'un contrat, il est crucial d'intégrer harmonieusement les conditions générales et particulières. Une approche courante consiste à inclure d'abord les conditions générales comme base du contrat, puis d'ajouter une section distincte pour les conditions particulières. Cette structuration permet aux parties de comprendre clairement quelles clauses s'appliquent de manière standardisée et quelles sont adaptées spécifiquement à leur accord.

Il est également important de garantir la cohérence entre les conditions générales et particulières. Les conditions générales ne doivent pas contredire les conditions particulières, et toutes les différences doivent être clarifiées pour éviter toute ambiguïté ou conflit d'interprétation. En cas de contradiction, le contrat doit stipuler quelle section prévaut, généralement en faveur des conditions particulières.

En conclusion, les conditions générales et particulières forment la colonne vertébrale des contrats commerciaux, combinant stabilité et flexibilité. Une compréhension claire et une rédaction attentive de ces conditions sont essentielles pour garantir la validité juridique du contrat et la satisfaction des parties prenantes.

1.6 La légalité et la validité des contrats

Pour qu'un contrat commercial soit juridiquement contraignant et exécutable, il doit remplir plusieurs conditions de légalité et de validité. Assurer la légalité et la validité des contrats est crucial pour toute relation d'affaires, car un contrat non conforme peut être contesté et annulé par un tribunal. Voici les principaux aspects à prendre en compte pour garantir qu'un contrat soit légal et valide :

La Capacité Juridique des Parties

Pour qu'un contrat soit valide, les parties contractantes doivent avoir la capacité juridique d'engager leur responsabilité. Cela signifie qu'elles doivent être majeures, capables mentalement, et exemptes de toute restriction juridique concernant leur capacité à contracter. Pour les entités juridiques comme les sociétés, cela implique que les représentants signataires soient dûment autorisés à agir au nom de l'entreprise.

Le Consentement Libre et Éclairé

Le consentement des parties doit être libre et éclairé. Un contrat signé sous la contrainte, la menace, ou l'influence induite peut être annulé. De même, les parties doivent être pleinement informées et comprendre les termes du contrat. Toute forme de dol, de manœuvre frauduleuse ou d'erreur substantielle peut également conduire à l'annulation du contrat.

La Légalité de l'Objet

L'objet du contrat doit être licite. Un contrat portant sur une activité illégale, contraire à l'ordre public ou aux bonnes mœurs est nul et non avenu. Cela signifie que les obligations stipulées dans le contrat doivent être conformes aux lois et réglementations en vigueur au moment de sa conclusion.

La Cause Licite

La cause du contrat, c'est-à-dire la raison pour laquelle les parties contractent, doit également être licite. Une cause illicite ou immorale peut entraîner la nullité du contrat. La cause doit être explicite et alignée avec les principes légaux et éthiques.

La Conformité Formelle

Certaines catégories de contrats doivent respecter des formalités spécifiques pour être valides. Par exemple, certains contrats doivent être rédigés par écrit, d'autres nécessitent un enregistrement ou la présence de témoins. L'omission de ces formalités peut affecter la validité du contrat.

La Détermination des Prestations

Les prestations qui font l'objet du contrat doivent être déterminées ou déterminables. Cela signifie que les droits et obligations de chaque partie doivent être clairement définis et compréhensibles. Un contrat flou ou ambigu peut être jugé inexécutable. Les prestations doivent être suffisamment précises pour que chaque partie sache exactement ce qui est attendu d'elle.

L'Absence de Vices du Consentement

Pour qu'un contrat soit valide, il ne doit pas être entaché de vices du consentement. Les vices du consentement incluent l'erreur, le dol (tromperie intentionnelle), la violence (contrainte physique ou morale), et la lésion (déséquilibre manifeste des prestations). La présence de l'un de ces vices peut conduire à l'annulation du contrat.

La Cohérence et l'Intégrité du Contrat

Un contrat doit être cohérent et complet. Toute incohérence ou omission significative peut poser des problèmes d'interprétation et mener à des disputes. Les annexes, appendices et documents complémentaires doivent être clairement référencés et intégrés au contrat principal pour en assurer l'intégrité.

L'Enregistrement et la Conservation

Selon la nature du contrat et la juridiction compétente, il peut être nécessaire de l'enregistrer auprès d'une autorité administrative ou judiciaire. Cela garantit une preuve de l'existence du contrat et peut faciliter sa mise en application. De plus, les contrats doivent être conservés de manière sécurisée pour pouvoir être produits en cas de litige.

Les Conséquences de la Non-Validité

Un contrat non valide n'a pas de force obligatoire et ne peut produire d'effets juridiques. Les parties ne peuvent pas exiger l'exécution d'un contrat invalide, et chacune peut demander la restitution des prestations effectuées. De plus, en cas de non-validité pour cause d'illégalité, des sanctions pénales peuvent être envisagées selon le contexte.

En conclusion, la légalité et la validité d'un contrat reposent sur le respect de plusieurs conditions essentielles. Une attention particulière doit être accordée à ces aspects lors de la rédaction et de la révision des contrats commerciaux pour protéger les intérêts des parties et assurer la sécurité juridique de leurs transactions.

CHAPITRE 2 : L'ANALYSE DES CLAUSES CONTRACTUELLES

Maintenant que nous avons exploré les bases des contrats commerciaux, il est crucial de se concentrer sur les éléments qui composent ces documents essentiels. Chaque clause dans un contrat commercial a son importance et peut grandement influencer les termes de l'accord. Dans le prochain chapitre, nous examinerons en détail les différentes clauses contractuelles, en identifiant les plus communes et en apprenant à repérer celles qui pourraient poser problème.

2.1 Clauses communes dans les contrats commerciaux

Les contrats commerciaux comportent souvent un ensemble de clauses communes qui visent à encadrer de manière standardisée les aspects clés de la relation contractuelle. Bien que chaque contrat puisse avoir ses particularités, certaines clauses reviennent fréquemment en raison de leur importance légale et pratique. Voici un tour d'horizon des clauses communes que l'on retrouve typiquement dans les contrats commerciaux :

Clause de Confidentialité

La clause de confidentialité impose aux parties de ne pas divulguer certaines informations obtenues dans le cadre de leur collaboration. Cela peut inclure des secrets commerciaux, des données financières, des stratégies de marché, ou toute information désignée comme confidentielle. Cette clause vise à protéger les intérêts commerciaux des parties et à maintenir la confidentialité des informations sensibles.

Clause de Non-Concurrence

Cette clause empêche les parties de s'engager dans des activités concurrentes pendant la durée du contrat, et souvent pour une période déterminée après sa fin. Elle vise à protéger les intérêts de l'une des parties en empêchant l'autre d'utiliser les informations obtenues pendant la relation contractuelle à des fins concurrentielles.

Clause de Responsabilité

La clause de responsabilité détermine les responsabilités des parties en cas de manquement aux obligations contractuelles. Elle peut inclure des limites ou exclusions de responsabilité pour certains types de dommages, comme les pertes indirectes ou les dommages immatériels. Cette clause est cruciale pour gérer et prévoir les risques financiers associés à l'exécution du contrat.

Clause de Force Majeure

La clause de force majeure prévoit les circonstances

exceptionnelles qui pourraient empêcher l'exécution des obligations contractuelles, telles que les catastrophes naturelles, les conflits, les grèves, ou d'autres événements imprévus. Cette clause précise souvent les conditions dans lesquelles une partie peut être exonérée de ses obligations sans pénalité en raison de ces événements.

Clause de Pénalités

Cette clause impose des sanctions financières en cas de non-respect des obligations contractuelles, telles que des retards de livraison ou des manquements aux standards de qualité. Les pénalités peuvent être fixes ou calculées en fonction de la durée ou de la gravité du manquement. Elles encouragent les parties à respecter leurs engagements en ajoutant une dimension financière aux obligations.

Clause de Résiliation

La clause de résiliation décrit les conditions dans lesquelles le contrat peut être terminé avant son échéance naturelle. Elle peut prévoir des motifs de résiliation spécifiques, comme le manquement grave à une obligation contractuelle, la faillite d'une partie, ou des changements législatifs affectant l'accord. La clause précise également les formalités à respecter, comme le préavis et les indemnités éventuelles.

Clause de Renouvellement

La clause de renouvellement stipule les conditions de reconduction du contrat à l'expiration de sa durée initiale. Elle peut prévoir un renouvellement automatique sous certaines conditions, ou nécessiter un accord écrit des parties. Cette clause est importante pour assurer la continuité des relations d'affaires sans interruption.

Clause de Propriété Intellectuelle

Cette clause détermine la propriété et l'utilisation des droits de propriété intellectuelle créés ou utilisés dans le cadre du contrat. Elle précise souvent à quelle partie appartiennent les inventions, créations, brevets, marques, et autres actifs intellectuels. Elle peut également inclure des licences d'utilisation accordées à l'autre partie.

Clause de Révision des Prix

La clause de révision des prix permet d'ajuster les prix des biens ou services en fonction des fluctuations du marché, des modifications des coûts de production, ou d'autres critères économiques. Elle prévoit généralement un mécanisme de calcul et les conditions dans lesquelles les prix peuvent être révisés, protégeant ainsi les parties contre les variations imprévues.

Clause de Résolution des Litiges

La clause de résolution des litiges indique les mécanismes prévus pour régler les conflits éventuels entre les parties. Elle peut inclure des procédures de médiation, d'arbitrage, ou de recours aux tribunaux. Cette clause est essentielle pour définir un cadre clair et prédéfini de résolution des différends, réduisant ainsi les incertitudes et les coûts associés aux litiges.

En regroupant ces clauses communes, les contrats commerciaux peuvent offrir un cadre juridique cohérent et complet pour régir les relations d'affaires. Chaque clause joue un rôle spécifique et contribue à la réalisation des objectifs contractuels en protégeant les intérêts et en définissant les responsabilités des parties impliquées.

2.2 Identifier les clauses abusives

Les clauses abusives dans les contrats commerciaux sont des stipulations qui créent un déséquilibre significatif entre les droits et obligations des parties, au détriment de la partie la plus faible. Ces clauses sont souvent perçues comme inéquitables et peuvent être invalidées par les tribunaux. Identifier et éliminer les clauses abusives est essentiel pour garantir l'équité contractuelle et la validité juridique d'un contrat. Voici comment reconnaître les clauses abusives courantes :

Clauses Limitant Excessivement la Responsabilité

Les clauses qui limitent de manière disproportionnée la responsabilité de l'une des parties, au point de la rendre quasiment inapplicable, peuvent être considérées comme abusives. Par exemple, une clause qui exclut toute responsabilité du fournisseur en cas de défaut des produits, y compris pour les dommages graves causés aux biens ou aux personnes.

Clauses de Résiliation Unilatérale

Une clause qui permet à une seule partie de résilier le contrat à tout moment, sans préavis ni justification, tandis que l'autre partie est soumise à des contraintes strictes pour la résiliation, est abusive. Cela crée un déséquilibre où une partie a un contrôle disproportionné sur la continuité du contrat.

Clauses Imposant des Pénalités Excessives

Les clauses qui imposent des pénalités financières excessives en cas de manquement ou de retard dans l'exécution des obligations peuvent être jugées abusives. Par exemple, une pénalité très élevée pour un retard minime de paiement par rapport à la valeur du contrat global.

Clauses de Modification Unilatérale

Les clauses qui permettent à une partie de modifier unilatéralement les termes essentiels du contrat, comme les prix, les services fournis ou les délais de livraison, sans consentement de l'autre partie, sont souvent considérées comme abusives. Elles privent l'autre partie de tout contrôle ou de recours face à des changements imprévus.

Clauses Limitant les Droits de Recours

Une clause qui restreint le droit d'une partie de chercher réparation en cas de litige, en limitant l'accès aux tribunaux ou en imposant des conditions strictes pour engager des actions légales, peut être abusive. Cela inclut des clauses d'arbitrage forcé avec des conditions désavantageuses uniquement pour une partie.

Clauses de Renouvellement Automatique Désavantageux

Les clauses de renouvellement automatique qui obligent une partie à poursuivre le contrat malgré des conditions défavorables, sans possibilité de résilier facilement avant le renouvellement, peuvent être abusives. Cela est particulièrement vrai si le préavis de résiliation est excessivement long ou compliqué par rapport à la durée du contrat.

Clauses Imposant des Obligations Disproportionnées

Les clauses qui imposent des obligations très lourdes ou coûteuses à une partie, tout en ne prévoyant que des obligations légères ou des avantages significatifs pour l'autre partie, peuvent être identifiées comme abusives. Un exemple serait une clause exigeant du partenaire mineur des investissements substantiels sans garantie de retour sur investissement.

Clauses de Garanties Excessives

Les clauses qui exigent des garanties excessives et déraisonnables de la part d'une seule partie, comme des cautions disproportionnées ou des assurances coûteuses, peuvent également être abusives. Ces exigences doivent être proportionnées et justifiées par les risques du contrat.

Clauses de Confidentialité Déséquilibrées

Les clauses de confidentialité qui imposent des restrictions strictes à une seule partie, tout en permettant à l'autre partie d'exploiter ou de divulguer librement les informations confidentielles, créent un déséquilibre évident. Un bon contrat doit inclure des obligations de confidentialité réciproques et équitables.

Clauses d'Exclusivité Contraignantes

Des clauses d'exclusivité qui empêchent une partie de collaborer ou de faire affaire avec d'autres partenaires ou fournisseurs pendant une période prolongée ou sous des conditions strictes peuvent être jugées abusives, surtout si elles limitent sérieusement les opportunités de croissance ou de diversification.

Comment Éviter et Corriger les Clauses Abusives

Pour éviter et corriger les clauses abusives, il est crucial d'élaborer des contrats équilibrés et négociés de bonne foi. Voici quelques étapes :

- **Examen Juridique** : Faire relire le contrat par un conseiller juridique pour identifier et corriger les clauses potentiellement abusives.
- **Négociation Équitable** : Assurer un processus de négociation transparent où les préoccupations et les exigences des deux parties sont écoutées et respectées.
- **Clauses de Recours Équitables** : Inclure des clauses de recours qui offrent des solutions justes en cas de litige, comme la médiation ou l'arbitrage neutre.
- **Vérification des Obligations** : Comparer les obligations imposées à chaque partie pour s'assurer qu'elles sont proportionnelles et équitables.
- **Consensus Mutuel** : Obtenir le consentement éclairé des deux parties pour toutes les clauses, en s'assurant qu'aucune partie ne se sent contrainte ou désavantagée.

En identifiant et corrigeant les clauses abusives, les parties peuvent établir des contrats qui favorisent des relations commerciales durables et équitables, tout en protégeant leurs intérêts respectifs. Les contrats équilibrés et justes sont plus susceptibles de résister à l'épreuve du temps et de prévenir les litiges.

2.3 Clauses spécifiques à certains types de contrats

Les contrats commerciaux peuvent varier considérablement en fonction du type de transaction ou de la nature des relations entre les parties. De ce fait, certains contrats nécessitent des clauses spécifiques adaptées à leur contexte particulier. Voici une présentation des clauses spécifiques à certains types de contrats commerciaux courants :

Contrat de Vente

- **Clause de Conformité des Produits** : Précise les standards de qualité et de performance que les produits doivent respecter, ainsi que les procédures de contrôle de qualité.
- **Clause de Réserve de Propriété** : Stipule que la propriété des biens vendus reste au vendeur jusqu'au paiement intégral du prix par l'acheteur.
- **Clause de Livraison et de Transfert de Risques** : Détaille les modalités de livraison, les incoterms (par exemple, FOB, CIF) utilisés pour déterminer le point de transfert des risques de perte ou de dommage des biens.

Contrat de Prestations de Services

- **Clause de Niveaux de Service (SLA)** : Définit les performances et les niveaux de service (temps de réponse, disponibilité, maintenance) que le prestataire s'engage à respecter.
- **Clause d'Évaluation de Service** : Précise les méthodes d'évaluation et de rapport de la qualité des services, y compris les évaluations périodiques et les audits de performance.
- **Clause de Formation et Support** : Détaille les obligations du prestataire en termes de fourniture de formation et de support technique à l'acheteur ou à ses utilisateurs.

Contrat de Distribution
- **Clause de Territoire Exclusif** : Accorde au distributeur le droit exclusif de vendre les produits du fournisseur dans une zone géographique spécifique.
- **Clause d'Objectifs de Vente** : Établit les objectifs de vente à atteindre par le distributeur et les conséquences en cas de non-respect de ces objectifs.
- **Clause de Retour de Produits** : Précise les conditions et procédures de retour des produits invendus ou défectueux au fournisseur.

Contrat de Franchise
- **Clause de Manuels Opérationnels** : Impose au franchisé l'obligation de se conformer aux manuels opérationnels fournis par le franchiseur.
- **Clause de Redevances et Royalties** : Détaille les montants que le franchisé doit verser au franchiseur, souvent sous forme de redevances fixes ou en pourcentage du chiffre d'affaires.
- **Clause de Publicité et Marketing** : Précise les obligations du franchisé en matière de participation aux campagnes de publicité et de marketing centralisées par le franchiseur.

Contrat de Partenariat
- **Clause de Partage des Bénéfices et Pertes** : Établit les modalités de répartition des bénéfices générés et des pertes encourues dans le cadre du partenariat.
- **Clause d'apport en Capital et Compétences** : Détaille les contributions financières et en nature que chaque partenaire doit fournir pour atteindre les objectifs du partenariat.
- **Clause de Gouvernance** : Précise les modalités de gestion du partenariat, y compris la prise de décisions stratégiques et la résolution des conflits entre

partenaires.

Contrat de Licence

- **Clause d'Étendue de la Licence** : Définit les limites géographiques, temporelles, et les domaines d'utilisation des droits de propriété intellectuelle concédés.
- **Clause de Redevance** : Détaille les modalités de calcul et de versement des redevances dues par le licencié au concédant.
- **Clause de Garantie de Validité de la Propriété Intellectuelle** : Engage le concédant à garantir que la propriété intellectuelle est valide et en vigueur pendant toute la durée du contrat.

Contrat de Sous-traitance

- **Clause de Conformité aux Spécifications** : Implique le sous-traitant à respecter les spécifications techniques et de qualité définies par le donneur d'ordre.
- **Clause de Surveillance et Audit** : Accorde au donneur d'ordre le droit de surveiller et d'auditer les activités du sous-traitant pour vérifier la conformité et la qualité des travaux réalisés.
- **Clause d'Indemnisation** : Précise les obligations de dédommagement en cas de non-respect des conditions contractuelles par le sous-traitant, y compris les pénalités financières et les compensations pour les dommages subis.

Adaptation et Inclusion des Clauses Spécifiques

Lors de l'élaboration ou de la révision de contrats commerciaux, il est essentiel d'identifier les clauses spécifiques pertinentes pour le type de contrat en question. L'inclusion de ces clauses assure que tous les aspects particuliers du contrat sont couverts, réduisant ainsi les risques de litiges et de malentendus. De plus, ces clauses spécifiques doivent être rédigées de manière claire et détaillée pour garantir leur interprétation correcte et leur exécution conforme aux attentes des parties.

En intégrant les clauses spécifiques adaptées au type de contrat, les parties peuvent mieux protéger leurs intérêts et structurer leurs relations commerciales de manière juste et équilibrée, ce qui contribue à des partenariats durables et efficaces.

2.4 Techniques pour analyser les clauses

L'analyse des clauses d'un contrat commercial est un processus méthodique qui permet de vérifier la conformité, la clarté et l'équité des termes convenus. Bien qu'il puisse sembler complexe, quelques techniques éprouvées facilitent cette analyse. Voici une approche structurée pour évaluer efficacement les clauses d'un contrat commercial :

Lecture Active et Exhaustive

La première étape consiste en une lecture active et complète du contrat. Il s'agit de lire chaque clause attentivement, en notant les termes techniques ou juridiques incompris pour une recherche approfondie. Une lecture exhaustive garantit que chaque clause est examinée et que rien n'est laissé au hasard.

Vérification de la Cohérence Interne

Il est crucial de vérifier que toutes les clauses du contrat sont cohérentes entre elles. Les clauses ne doivent pas se contredire ou créer des ambiguïtés. Par exemple, les délais de livraison mentionnés dans une clause doivent correspondre aux délais de paiement indiqués ailleurs dans le contrat.

Repérage des Clauses Clés

Identifier les clauses clés du contrat est une étape importante. Cela inclut les clauses de paiement, de livraison, de responsabilité, de résiliation, et toutes autres clauses déterminantes pour l'exécution du contrat. Une attention particulière doit être portée à ces clauses pour s'assurer qu'elles sont claires, équitables et équilibrées.

Analyse des Termes Juridiques

Les termes juridiques spécifiques utilisés dans le contrat doivent être bien compris. Il peut être utile de consulter des ressources juridiques ou de solliciter l'avis d'un conseiller juridique pour clarifier les termes techniques. Une bonne compréhension de ces termes est essentielle pour éviter les interprétations erronées.

Vérification de la Légalité et de la Conformité

Les clauses doivent être passées au crible pour vérifier leur légalité et leur conformité aux réglementations en vigueur. Cela inclut la vérification que les clauses respectent les droits des parties, les lois locales et internationales, et les normes sectorielles. Une clause illégale ou non conforme pourrait invalider tout ou partie du contrat.

Évaluation de l'Équilibre des Clauses

Chaque clause doit être évaluée pour s'assurer qu'elle est équilibrée et ne favorise pas de manière disproportionnée l'une des parties. Les clauses abusives ou déséquilibrées, comme celles imposant des pénalités excessives ou des obligations unilatérales strictes, doivent être ajustées pour garantir une relation équitable entre les parties.

Vérification de la Clarté et de la Précision

Les clauses doivent être rédigées de manière claire et précise pour éviter toute ambiguïté. Les formulations vagues ou ouvertes à l'interprétation doivent être évitées. Chaque obligation et droit doit être défini clairement pour assurer une compréhension mutuelle des termes contractuels.

Comparaison avec des Modèles et Normes

Comparer les clauses du contrat avec des modèles standards et des normes sectorielles peut aider à identifier des omissions ou des irrégularités. Cette comparaison peut également fournir des idées pour des ajouts ou des modifications visant à améliorer la structure et le contenu du contrat.

Utilisation de Check-lists

Utiliser des check-lists spécifiques pour l'analyse des contrats peut s'avérer très utile. Ces listes permettent de s'assurer que toutes les clauses nécessaires sont présentes et correctes. Elles servent de guide pour passer en revue chaque aspect important du contrat de manière systématique.

Simulation et Tests de Scénarios

Simuler des situations possibles et tester comment les clauses du contrat réagissent à ces scénarios est une technique pratique pour évaluer leur efficacité. Par exemple, en cas de retard de livraison, vérifier les mécanismes de recours et les pénalités prévues par le contrat.

Consultation d'un Expert Juridique

Enfin, solliciter l'avis d'un expert juridique, surtout pour les contrats complexes ou de grande envergure, est souvent indispensable. Un juriste ou un avocat spécialisé peut fournir une analyse approfondie et identifier des problèmes potentiels qui pourraient échapper à un non-spécialiste.

Outils et Ressources pour l'Analyse

- **Logiciels de Gestion Contractuelle** : Ces outils peuvent aider à identifier les clauses clés, vérifier la conformité et analyser les risques associés aux termes contractuels.
- **Guides et Manuels Juridiques** : Référencier des guides juridiques peut fournir des explications détaillées sur les termes et conditions couramment utilisés.
- **Bases de Données Juridiques** : Accès à des bases de données légales qui contiennent des jurisprudences et des modèles de contrats peut être précieux pour une meilleure compréhension des normes et pratiques acceptées.

En employant ces techniques d'analyse, les parties peuvent s'assurer que les clauses du contrat sont justes, claires, conformes, et efficaces, renforçant ainsi la stabilité et la durabilité de leurs relations commerciales.

2.5 Étude de cas : Analyse d'un contrat type

Pour illustrer les techniques et concepts abordés dans les sections précédentes, nous allons procéder à une étude de cas en analysant un contrat type. Cet exercice pratique permettra de mettre en application les méthodes d'analyse des clauses et d'identifier les éventuelles faiblesses ou déséquilibres qui pourraient exister. Voici un exemple de contrat de prestation de services :

Contexte du Contrat

- **Parties contractantes :**
    - Prestataire : XYZ Services SARL
    - Client : ABC Entreprise SA
- **Objet du contrat** : Prestation de services de maintenance informatique pour une durée de 12 mois.
- **Montant total du contrat** : 50 000 EUR, payable mensuellement.

Contenu du Contrat

1. Objet du Contrat

- La société XYZ Services SARL s'engage à fournir des services de maintenance informatique aux installations de ABC Entreprise SA, couvrant la réparation, l'entretien, et le support technique pour une période de 12 mois.

2. Durée et Résiliation

- Le contrat prend effet à compter du 1er janvier 2023 pour une durée de 12 mois.
- Chaque partie peut résilier le contrat avec un préavis de 60 jours en cas de manquement grave aux obligations contractuelles.

3. Obligation de Confidentialité

- Les deux parties s'engagent à maintenir confidentielles toutes les informations échangées dans le cadre du présent contrat pendant la durée du contrat et pendant une période de 2 ans après sa résiliation.

4. Modalités de Paiement

- Le montant total du contrat est de 50 000 EUR, payable en 12 mensualités de 4 166,67 EUR chacune, à payer avant le 5 de chaque mois.
- En cas de retard de paiement, une pénalité de 1% du montant dû sera appliquée pour chaque mois de retard.

5. Clause de Non-Concurrence

- XYZ Services SARL s'engage à ne pas fournir de services similaires à une entreprise concurrente de ABC Entreprise SA pendant la durée du contrat et pour une période de 6 mois après sa résiliation.

6. Garantie et Responsabilité

- XYZ Services SARL garantit la qualité des services fournis et s'engage à réparer toute défaillance signalée par ABC Entreprise SA dans un délai de 48 heures.
- La responsabilité de XYZ Services SARL est limitée au montant total du contrat en cas de dommages directs causés par ses services.

7. Force Majeure

- Aucune des parties ne sera tenue responsable d'un retard ou d'un manquement dans l'exécution de ses obligations contractuelles causé par un événement de force majeure, tel que défini par le Code civil.

8. Litiges et Juridiction

- En cas de litige découlant du présent contrat, les parties s'engagent à tenter de le résoudre à l'amiable avant de recourir aux tribunaux.
- À défaut de résolution amiable, le litige sera soumis à la juridiction des tribunaux de Définis.

Analyse du Contrat Type

Objet du Contrat

- **Clarté** : L'objet du contrat est clairement défini, indiquant les services spécifiques fournis.
- **Complétude** : Les services de maintenance sont bien décrits mais il serait utile de détailler davantage les types de maintenance couverts (préventive, corrective).

Durée et Résiliation

- **Cohérence** : La clause est cohérente avec les pratiques standard, offrant un préavis raisonnable pour la résiliation.
- **Équilibre** : Les conditions de résiliation pour manquement grave sont équitables, mais il pourrait être utile d'ajouter des conditions de résiliation pour convenance avec indemnisation équitable.

Obligation de Confidentialité

- **Clarté** : Cette clause est bien formulée et précise.
- **Complétude** : La durée post-contrat de 2 ans pour la confidentialité est reasonable et indique une préoccupation pour la protection des informations sensibles.

Modalités de Paiement

- **Clarté et Précision** : Les modalités de paiement et les pénalités de retard sont clairement définies, ce qui aide à éviter les litiges liés au paiement.
- **Équilibre** : Une pénalité de 1% par mois est raisonnable et conforme aux standards de l'industrie.

Clause de Non-Concurrence

- **Clarté** : La durée et l'étendue de la non-concurrence sont spécifiées.
- **Équilibre** : La période de 6 mois après la résiliation est raisonnable, mais la clause pourrait être rédigée pour éviter une définition trop large de "entreprise concurrente".

Garantie et Responsabilité

- **Limitation** : La limitation de la responsabilité au montant total du contrat est une pratique courante mais vérifiable quant à son acceptabilité par ABC Entreprise SA.
- **Équilibre** : La garantie de réparation dans les 48 heures est favorable pour l'acheteur.

Force Majeure
- **Clarté** : La définition de force majeure est standard et conforme au droit civil.
- **Complétude** : Cette clause est adéquate et protège les deux parties en cas d'événements imprévus.

Litiges et Juridiction
- **Clarté** : La clause de litige favorise initialement une résolution à l'amiable, ce qui est positif.
- **Complétude** : Indiquer directement les tribunaux Définis comme juridiction compétente assure que les parties savent où agir légalement.

Conclusion

Cette étude de cas montre l'importance d'analyser chaque clause d'un contrat pour assurer sa clarté, son équilibre, et sa conformité légale. En appliquant les techniques d'analyse des clauses vues précédemment, nous pouvons identifier les forces et les faiblesses du contrat type et proposer des ajustements pour renforcer la protection des parties et la robustesse juridique de l'accord.

CHAPITRE 3 : MÉTHODOLOGIE DE RÉVISION CONTRACTUELLE

Après avoir compris les différentes clauses qui composent un contrat commercial, il est temps de se pencher sur les méthodes de révision de ces documents. Une révision minutieuse peut prévenir de nombreux litiges et garantir que toutes les parties respectent leurs obligations. Dans le prochain chapitre, nous détaillerons les étapes et les techniques pour effectuer une révision contractuelle efficace et complète.

3.1 Préparation à la révision

Pour entreprendre une révision efficace d'un contrat commercial, une préparation minutieuse est essentielle. Cette étape préalable garantit que vous aborderez la révision avec une compréhension claire et une organisation optimale. Voici les principaux aspects à considérer lors de la préparation à la révision d'un contrat :

Compréhension du Contexte

Avant de commencer la révision, il est vital de comprendre le contexte dans lequel le contrat a été rédigé. Cela inclut :

- **Les Parties Contractantes** : Identifiez clairement les parties impliquées, leurs rôles, et leurs objectifs respectifs.
- **L'Objet du Contrat** : Comprenez le but principal du contrat et les services ou produits qu'il couvre.
- **L'Environnement Juridique et Réglementaire** : Familiarisez-vous avec les lois et règlements applicables à ce type de contrat et à la juridiction concernée.

Collecte des Documents Nécessaires

Rassemblez tous les documents pertinents nécessaires à la révision, notamment :

- **Versions Précédentes du Contrat** : Comparez les différentes versions pour identifier les modifications et évolutions.
- **Documents de Référence** : Incluez des normes, des directives réglementaires et des études de cas similaires pour effectuer une évaluation comparative.
- **Correspondances et Négociations** : L'ensemble des échanges entre les parties peut fournir des informations utiles sur les intentions et les accords non écrits..

Organisation de l'Espace de Travail

Créez un environnement propice à la révision en :

- **Délimitant un Espace Calme** : Travaillez dans un espace

où vous pouvez vous concentrer sans interruptions.
- **Utilisant des Outils de Révision** : Munissez-vous de logiciels de gestion documentaire, d'édition collaborative et de comparaison de versions.

Planification du Processus de Révision

Élaborez un plan détaillé pour aborder la révision du contrat :

- **Définir les Objectifs** : Spécifiez ce que vous devez vérifier, modifier, ou clarifier dans le contrat.
- **Allouer le Temps Nécessaire** : Préparez un calendrier réaliste qui inclut des échéances pour chaque section ou clause importante.
- **Impliquer les Parties Prenantes** : Identifiez les personnes clés au sein de chaque partie contractante dont l'avis est nécessaire et planifiez des rencontres ou points de vérification.

Formation Juridique

Assurez-vous que toutes les personnes impliquées dans la révision possèdent une formation adéquate :

- **Sessions de Formation** : Organisez des sessions de formation juridique pour les équipes impliquées pour qu'elles comprennent les principes légaux et contractuels.
- **Accès à des Conseillers Juridiques** : Garantissez un accès facile à des experts juridiques pour répondre aux questions spécifiques qui pourraient surgir.

Utilisation de Check-lists

Préparez une ou plusieurs check-lists pour vous guider dans la révision :

- **Check-list des Clauses Essentielles** : Énumérez les clauses indispensables que tout contrat devrait contenir.
- **Check-list des Points de Contrôle Juridique** : Incluez tous les aspects légaux à vérifier comme la conformité réglementaire et les clauses d'arbitrage.

Software et Outils de Révision

Exploitez des outils numériques pour faciliter et accélérer votre travail :

- **Logiciels de Comparaison de Textes** : Utilisez des outils qui permettent de comparer différentes versions du contrat pour détecter les modifications.
- **Outils d'Édition Collaborative** : Adoptez des plateformes où plusieurs utilisateurs peuvent travailler simultanément sur le même document.

Préparation Psychologique

La révision de contrats peut être exigeante intellectuellement :

- **Maintenir la Concentration** : Préparez-vous à travailler par sessions de révision, entrecoupées de pauses régulières pour éviter la fatigue mentale.
- **Gestion du Stress** : Adoptez des techniques de gestion du stress pour rester calme et efficace.

En suivant ces étapes de préparation, vous serez mieux équipé pour aborder la révision du contrat de manière systématique et exhaustive. Une bonne préparation permet de minimiser les erreurs, de clarifier les ambiguïtés et d'assurer que le contrat révisé sera solide, équilibré et juridiquement conforme.

3.2 Lecture attentive et analyse clause par clause

La lecture attentive et l'analyse clause par clause constituent le cœur de la révision contractuelle. Cette étape nécessite une attention particulière pour identifier les éventuelles erreurs, ambiguïtés, ou déséquilibres qui peuvent exister dans le contrat. Voici comment procéder de manière systématique :

Méthodologie de la Lecture Attentive

Première Lecture Globale

- **Objectif** : Acquérir une vue d'ensemble du contrat.
- **Action** : Lire le document du début à la fin sans effectuer de modifications, en prenant des notes sur les points qui nécessitent un examen approfondi.

Seconde Lecture Détaillée

- **Objectif** : Commencer l'analyse en profondeur de chaque clause.
- **Action** : Lire chaque clause lentement et méthodiquement, confirmant que vous comprenez parfaitement chaque terme et condition.

Analyse Clause par Clause

Identification des Clauses Clés

- **Clause de Durée et Résiliation** : Vérifiez que la durée du contrat et les conditions de résiliation sont clairement définies et équitables pour les deux parties.
- **Clause de Paiement** : Assurez-vous que les modalités de paiement sont détaillées, incluant les échéances, les méthodes de paiement et les pénalités en cas de retard.
- **Clause de Responsabilité** : Examinez les limitations de responsabilité pour vous assurer qu'elles sont raisonnables et conformes aux pratiques de l'industrie.
- **Clause de Confidentialité** : Vérifiez que les obligations de confidentialité sont équilibrées et clairement précisées.

Validation de la Clarté et de la Précision

- **Clarté du Langage** : Évitez les termes vagues ou ambiguës. Chaque condition doit être formulée de manière explicite et prévisible.
- **Précision des Obligations** : Chaque obligation des parties doit être décrite de manière précise et sans équivoque.

Vérification des Conformités Légales

- **Conformité Réglementaire** : Vérifiez que les clauses respectent les lois et régulations en vigueur dans la juridiction applicable.
- **Validité des Clauses** : Certaines clauses peuvent être non valides ou inapplicables, telles que les clauses pénales disproportionnées ou les clauses injustes.

Évaluation de l'Équilibre des Clauses

- **Équité** : Assurez-vous que les clauses ne favorisent pas démesurément l'une des parties. Les obligations et les droits doivent être équilibrés.
- **Clauses Abusives** : Identifiez et modifiez les clauses qui pourraient être considérées comme abusives par un tribunal.

Vérification des Détails

- **Meticulousité** : Les détails comme les montants, les dates et les chiffres doivent être exacts et cohérents.
- **Références Croisées** : Assurez-vous que toutes les références internes (par exemple, "voir section 3.2") sont correctes.

Sécurité des Informations

- **Protection des Données** : Assurez-vous que les clauses de confidentialité et de protection des données personnelles sont conformes aux réglementations comme le RGPD.

Utilisation des Outils de Révision

Logiciels de Révision Contractuelle
- **Comparaison de Textes** : Utilisez des logiciels qui permettent de comparer différentes versions du contrat pour identifier les modifications apportées.
- **Annotations et Commentaires** : Insérez des annotations et des commentaires pour documenter vos observations et suggestions de modification.

Check-lists et Tableaux de Bord
- **Check-list de Révision** : Utilisez une check-list pour vous assurer que toutes les clauses importantes sont présentes et correctes.
- **Tableau de Bord** : Créez un tableau de bord pour suivre les sections et clauses qui nécessitent des modifications, additions ou clarifications.

Collaboration et Validation
Impliquer les Experts
- **Révision Juridique** : Sollicitez l'avis de conseillers juridiques pour valider la conformité et la robustesse des clauses.
- **Consultation des Parties Prenantes** : Impliquez les parties prenantes principales pour obtenir leurs retours et approbations sur les modifications proposées.

Finalisation de l'Analyse
Synthèse des Modifications
- **Résumé des Changements** : Documentez toutes les modifications proposées et les raisons de ces changements.
- **Validation Finale** : Passez en revue la version finale du contrat avec toutes les parties prenantes pour obtenir un consensus avant la finalisation.

En conduisant une lecture attentive et une analyse détaillée de chaque clause, vous pouvez vous assurer que le contrat révisé est clair, précis, équilibré et conforme aux exigences légales. Cette rigueur analytique contribue grandement à la solidité et à la durabilité de l'accord contractuel.

3.3 Check-list des points à vérifier

La révision d'un contrat commercial nécessite une attention aux détails méticuleuse. Pour vous aider à structurer ce processus, une check-list des points à vérifier peut être extrêmement utile. Voici une check-list exhaustive couvrant les principaux aspects à prendre en compte lors de la révision de votre contrat :

Identité des Parties

- **Noms Complet et Coordonnées** : Vérifiez que les noms, adresses et coordonnées de chaque partie sont corrects et complets.
- **Statut Juridique** : Assurez-vous que le statut juridique de chaque partie (société, individu, association) est clairement indiqué.

Contexte du Contrat

- **Objet du Contrat** : Confirmez que l'objet du contrat est clairement défini et décrit.
- **Durée et Dates** : Vérifiez les dates de début et de fin, ainsi que toute stipulation relative à la durée du contrat.

Termes Financiers

- **Modalités de Paiement** : Assurez-vous que les modalités de paiement (montant, échéances, méthodes) sont clairement énoncées.
- **Conditions de Facturation** : Vérifiez les délais de facturation, les conditions de remboursement et les modalités en cas de retard de paiement.

Obligations des Parties

- **Description des Services ou Produits** : Les services ou produits fournis doivent être décrits de manière détaillée et précise.
- **Normes et Critères de Performance** : Indiquez les standards de performance ou de qualité que les services ou produits doivent respecter.

- **Délais d'Exécution** : Vérifiez que les délais d'exécution ou de livraison sont spécifiquement indiqués.

Clauses de Responsabilité

- **Limitation de la Responsabilité** : Assurez-vous que toute limitation de responsabilité est clairement définie et raisonnable.
- **Obligations d'Indemnisation** : Vérifiez les clauses d'indemnisation pour s'assurer qu'elles sont équitables et appropriées.

Confidentialité et Propriété Intellectuelle

- **Clause de Confidentialité** : Confirmez que les obligations de confidentialité sont équilibrées et spécifiques aux informations sensibles.
- **Propriété Intellectuelle** : Vérifiez les dispositions relatives à la propriété intellectuelle, y compris les licences et les droits d'utilisation.

Clauses de Force Majeure

- **Définition et Conditions** : Assurez-vous que la clause de force majeure est bien définie et couvre les événements imprévus pertinents.
- **Conséquences sur les Obligations** : Vérifiez comment les obligations des parties sont affectées par les événements de force majeure.

Clauses de Modification et d'Amendement

- **Procédure de Modification** : Assurez-vous que la procédure pour amender le contrat est clairement décrite.
- **Consentement Mutuel** : Vérifiez que toute modification nécessite le consentement écrit de toutes les parties.

Clauses de Résiliation

- **Conditions de Résiliation** : Confirmez les conditions spécifiques sous lesquelles le contrat peut être résilié par l'une ou l'autre des parties.

- **Préavis de Résiliation** : Vérifiez les délais de préavis requis pour une résiliation en bonne et due forme.

Clauses de Résolution des Litiges
- **Mécanismes de Résolution** : Assurez-vous que les mécanismes de résolution des litiges (médiation, arbitrage, tribunaux compétents) sont précisés.
- **Compétence Juridictionnelle** : Vérifiez que la juridiction compétente en cas de litige est clairement spécifiée.

Exigences Réglementaires et Conformité
- **Respect des Lois Applicables** : Vérifiez que le contrat mentionne la conformité avec les lois et régulations applicables.
- **Clauses Obligatoires** : Assurez-vous que toutes les clauses légales obligatoires sont incluses.

Exécution du Contrat
- **Signatures** : Vérifiez que le contrat prévoit les signatures des parties, y compris les modalités de signature électronique si applicables.
- **Sommaire des Documents Annexés** : Confirmez que tous les documents annexés ou référencés dans le contrat sont listés et attachés.

Dernière Vérification
- **Cohérence Interne** : Assurez-vous que toutes les clauses sont cohérentes entre elles et ne se contredisent pas.
- **Orthographe et Grammaire** : Vérifiez qu'il n'y a pas d'erreurs d'orthographe ou de grammaire dans le document final.
- **Doubles Vérifications** : Effectuez une deuxième révision ou demandez à un autre expert de revoir le contrat pour identifier des erreurs potentielles.

En suivant cette check-list rigoureuse, vous pouvez vous assurer que tous les aspects clés du contrat ont été examinés et validés, réduisant ainsi les risques de litiges et de malentendus entre les parties. Une approche méthodique et détaillée garantira la robustesse et l'équité de votre contrat commercial.

3.4 Outils et techniques pour une révision efficace

Réviser un contrat commercial avec précision et efficacité nécessite l'utilisation d'outils spécialisés et de techniques éprouvées. L'objectif est de garantir que le contrat est clair, équilibré et conforme aux exigences légales. Voici une sélection d'outils et de techniques qui peuvent grandement faciliter ce processus :

Outils Numériques

Logiciels de Gestion Contractuelle

- **Fonctionnalités** : Permettent de stocker, organiser, et gérer les contrats en un seul endroit. Ils offrent des capacités de recherche avancée, de rappel des échéances et de suivi des modifications.
- **Exemples** : DocuSign, ContractWorks, PandaDoc.

Applications de Comparaison de Textes

- **Fonctionnalités** : Facilitent la comparaison de différentes versions d'un contrat en soulignant les modifications apportées. Elles aident à identifier rapidement les changements effectués entre deux documents.
- **Exemples** : WinMerge, Draftable, Workshare Compare.

Outils d'Édition Collaborative

- **Fonctionnalités** : Permettent à plusieurs utilisateurs de travailler simultanément sur un même document, d'ajouter des commentaires, et de suivre les modifications en temps réel.
- **Exemples** : Google Docs, Microsoft Word Online, Slack (pour la communication).

Bases de Données Juridiques

- **Fonctionnalités** : Offrent un accès à une large collection de jurisprudences, de modèles de contrats, et de lois

pertinentes. Elles aident à vérifier la conformité légale des clauses.
- **Exemples** : LexisNexis, Westlaw, Dalloz.

Techniques de Révision

Analyse Structurelle

- **Description** : Découpez le contrat en sections et sous-sections logiques pour faciliter l'examen. Ceci permet de s'assurer que le contrat suit un ordre cohérent et que toutes les clauses importantes sont incluses.
- **Méthode** : Utilisez des en-têtes et des sous-titres clairs pour chaque section, écrivez un sommaire descriptif.

Lecture Répétée

- **Description** : Lire plusieurs fois le contrat, à la fois de manière globale pour comprendre l'ensemble et de manière détaillée pour approfondir chaque clause.
- **Méthode** : Alternez entre les lectures lentes pour la compréhension approfondie et les lectures rapides pour l'identification des incohérences.

Utilisation de Check-lists

- **Description** : Employez des check-lists pour vous assurer que tous les éléments essentiels sont présents et corrects dans le contrat.
- **Méthode** : Comparez chaque partie du contrat avec les points de votre check-list pour identifier les omissions ou erreurs.

Simulation de Scénarios

- **Description** : Testez le contrat en simulant des scénarios possibles qui pourraient survenir durant son exécution. Cela permet d'évaluer la robustesse des clauses.
- **Méthode** : Créez des études de cas fictives ou basez-vous sur des situations antérieures pour tester la réactivité des clauses.

Consultation avec des Experts

- **Description** : Faire appel à des conseillers juridiques ou à des experts de l'industrie pour obtenir un avis professionnel sur les clauses complexes ou ambiguës.
- **Méthode** : Organisez des sessions de revue avec des experts pour discuter des points sensibles et obtenir des approbations.

Annotations et Commentaires

- **Description** : Annoter le contrat avec des commentaires pour clarifier les points importants ou noter les questions et suggestions.
- **Méthode** : Utilisez des fonctionnalités d'annotations dans les documents numériques ou des marges pour les documents imprimés.

Groupes de Révision Croisée

- **Description** : Formez des groupes au sein de votre organisation pour effectuer des révisions croisées de documents. Cela aide à bénéficier de perspicacités diverses et à repérer les erreurs que l'on pourrait soi-même manquer.
- **Méthode** : Organisez des sessions de relecture par les pairs et discutez des points soulevés lors de réunions d'évaluation.

Techniques Avancées

Formation Continue

- **Description** : Formez régulièrement votre équipe aux dernières pratiques et aux évolutions réglementaires pour rester à jour sur les meilleures pratiques en matière de révision contractuelle.
- **Méthode** : Suivez des séminaires, des cours en ligne, et des ateliers spécialisés.

En intégrant ces outils et techniques dans votre processus de révision, vous pouvez assurer une analyse approfondie et rigoureuse des contrats commerciaux. Cela permet non seulement de détecter les erreurs ou omissions mais aussi d'améliorer la clarté, la validité juridique et l'équilibre des accords contractuels.

CHAPITRE 4 : LES FAILLES COURANTES ET COMMENT LES CORRIGER

Avec une méthodologie claire pour la révision des contrats, nous devons maintenant nous concentrer sur la reconnaissance et la correction des failles courantes. Même les contrats les mieux rédigés peuvent contenir des erreurs ou des ambiguïtés. Dans le prochain chapitre, nous identifierons les erreurs fréquentes dans les contrats commerciaux et proposerons des stratégies pour les corriger efficacement.

4.1 Erreurs fréquentes dans les contrats commerciaux

Malgré les meilleures intentions, des erreurs peuvent souvent se glisser dans les contrats commerciaux. Identifier ces erreurs courantes permet de les éviter et de rédiger des contrats plus solides et équilibrés. Voici quelques-unes des erreurs fréquemment rencontrées dans les contrats commerciaux :

Ambiguïtés et Flou dans le Langage

L'utilisation de termes vagues ou ambigus peut mener à des interprétations divergentes et des litiges. Par exemple, des phrases comme "dans les meilleurs délais" ou "raisonnablement acceptable" manquent de précision. Un langage clair et précis est crucial pour éviter les malentendus.

Omissions Importantes

L'oubli de clauses essentielles peut compromettre la validité et l'exécution du contrat. Par exemple, ne pas inclure de clause de force majeure ou de résiliation peut laisser les parties sans recours adéquat en cas de situations imprévues.

Définitions Incomplètes

Ne pas définir clairement des termes spécifiques à l'accord peut provoquer des désaccords. Chaque terme technique ou jargon utilisé doit être clairement défini dans une section dédiée aux définitions.

Clauses Duplicata ou Contradictoires

Inclure des clauses qui se dupliquent ou se contredisent peut semer la confusion et affaiblir le contrat. Chaque section doit être unique et toutes les clauses doivent être cohérentes entre elles.

Provisions Légales Non Conformes

Incorporer des clauses qui ne sont pas conformes aux lois et régulations en vigueur peut rendre le contrat partiellement ou totalement nul. Il est essentiel de s'assurer que chaque clause respecte les exigences légales pertinentes.

Mauvaise Gestion des Dates et Délais

Mal gérer ou indiquer incorrectement les dates et délais – tels que les échéances de paiement, les dates de livraison, et les périodes de résiliation – peut créer des problèmes de conformité et d'exécution. Chaque échéance doit être clairement stipulée et réaliste.

Limitation de Responsabilité Déraisonnable

Limiter de manière excessive la responsabilité de l'une des parties peut être perçu comme abusif et peut ne pas tenir devant les tribunaux. Les limitations doivent être raisonnables et équitables pour être acceptées par toutes les parties.

Omission de Conditions de Résiliation

Ne pas inclure de conditions de résiliation spécifiques peut entraîner des difficultés lorsque les parties souhaitent mettre fin à l'accord. Les motifs de résiliation et les préavis nécessaires doivent être clairement définis.

Inadéquation des Clauses de Garantie

Les clauses de garantie trop vagues ou insuffisantes peuvent laisser les parties sans protection adéquate en cas de défaillance. Les garanties doivent être explicitement définies, y compris les conditions, la durée et les recours.

Problèmes de Confidentialité

Ignorer les besoins de confidentialité ou avoir des clauses de confidentialité incomplètes peut exposer les parties à des violations de données. Une clause de confidentialité complète et strictement définie est essentielle pour protéger les informations sensibles.

Exemple d'Erreurs Fréquentes

- **Erreur de Nom des Parties** : Orthographier incorrectement le nom d'une des parties ou utiliser un nom commercial au lieu du nom légal complet.
- **Non-Signature** : Laisser un contrat sans les signatures requises des parties rend l'accord non exécutoire.

- **Absence de Sceau ou de Timbre** : Certains contrats nécessitent un sceau officiel pour être validés légalement. L'omission de ce détail peut rendre le contrat invalide.
- **Déséquilibre des Droits et Obligations** : Imposer des obligations lourdes à une partie sans contrepartie équivalente peut être considéré comme déséquilibré et abusif.
- **Clauses Pénales Excessives** : Prévoir des pénalités disproportionnées en cas de manquement peut être illégal et difficile à faire appliquer.

En reconnaissant ces erreurs fréquentes, les rédacteurs de contrats peuvent prendre des mesures pour les éviter, améliorant ainsi la clarté, l'équité et la validité juridique de leurs accords. Une attention minutieuse aux détails à chaque étape de la rédaction et de la révision est essentielle pour créer des contrats commerciaux robustes et efficaces.

4.2 Repérer les failles juridiques

Repérer les failles juridiques dans un contrat commercial est une étape cruciale pour assurer sa validité et protéger les intérêts des parties impliquées. Les failles juridiques peuvent rendre un contrat contestable ou partiellement inapplicable. Voici les principales méthodes et aspects à considérer pour identifier et corriger ces failles :

Analyse de la Conformité Légale

Vérification des Clauses Obligatoires

- **Objectif** : Assurez-vous que toutes les clauses obligatoires sont présentes et conformes aux lois applicables.
- **Action** : Comparez le contrat avec les exigences légales et réglementaires de la juridiction concernée.

Examen de la Validité des Clauses

- **Objectif** : Identifier les clauses qui pourraient être jugées non valides ou inapplicables par un tribunal.
- **Action** : Vérifiez si les clauses de limitation de responsabilité, de non-concurrence, ou de pénalité respectent les normes légales.

Identification des Ambiguïtés et Incohérences

Évaluation des Termes Ambigus

- **Objectif** : Repérer les termes ou expressions qui pourraient être interprétés de manière multiple.
- **Action** : Reformulez les clauses ambiguës pour qu'elles soient claires et précises.

Vérification de la Cohérence Interne

- **Objectif** : Assurez-vous que toutes les clauses du contrat se complètent et ne se contredisent pas.
- **Action** : Comparez les clauses entre elles pour détecter des incohérences potentielles.

Vérification des Droits et Obligations

Équilibre des Droits et Obligations
- **Objectif** : Identifier les clauses qui créent un déséquilibre significatif entre les parties.
- **Action** : Modifiez les clauses déséquilibrées pour répartir équitablement les droits et obligations.

Vérification des Provisions de Résiliation
- **Objectif** : Assurer que les conditions de résiliation sont claires et justes pour toutes les parties.
- **Action** : Incluez des conditions de résiliation spécifiques et un préavis raisonnable.

Évaluation des Clauses de Protection
Protection des Données et Confidentialité
- **Objectif** : S'assurer que les renseignements confidentiels et les données personnelles sont adéquatement protégés.
- **Action** : Vérifiez que les clauses de confidentialité et de protection des données respectent les régulations en vigueur telles que le RGPD.

Clauses de Force Majeure et Imprévus
- **Objectif** : Couvrir les événements imprévus qui pourraient impacter la performance contractuelle.
- **Action** : Élaborez une clause de force majeure solide, incluant une définition claire des événements couverts.

Inclusion de Mécanismes de Résolution des Litiges
Procédures de Résolution des Conflits
- **Objectif** : Préciser les procédures de règlement des différends pour éviter les litiges prolongés et coûteux.
- **Action** : Incluez des clauses de médiation et d'arbitrage comme alternatives aux recours judiciaires classiques.

Juridiction Compétente
- **Objectif** : Déterminer quel tribunal ou quelle juridiction sera compétent en cas de litige.

- **Action** : Spécifiez clairement la compétence juridictionnelle dans le contrat.

Consultation et Validation

Révision par des Experts

- **Objectif** : S'assurer que le contrat a été examiné par des spécialistes du droit commercial.
- **Action** : Faire appel à des conseillers juridiques pour une révision finale et une validation professionnelle.

Feedback des Parties Prenantes

- **Objectif** : Recueillir les avis des parties prenantes sur les clauses spécifiques et l'équilibre général du contrat.
- **Action** : Organiser des sessions de feedback et d'approbation pour discuter des points sensibles.

En suivant ces étapes méthodiques pour repérer les failles juridiques, vous pouvez élaborer des contrats plus sûrs et mieux protégés contre les contestations. Un contrat juridiquement robuste non seulement protège les parties mais renforce également la confiance et la transparence dans les relations commerciales.

4.3 Solutions et stratégies pour remédier aux failles

Une fois les failles juridiques repérées dans un contrat commercial, il est crucial de mettre en place des solutions et des stratégies pour les corriger. Cette section explore les différentes approches pour remédier aux faiblesses et renforcer la solidité juridique du contrat.

Clarification de Clauses Ambiguës

Redéfinir les Termes et Expressions

- **Objectif** : Éliminer toute ambiguïté pour assurer une interprétation claire et uniforme.
- **Solution** : Reformulez les termes vagues ou ouverts à différentes interprétations, en utilisant des définitions précises et des exemples concrets.

Ajout de Définitions

- **Objectif** : Clarifier le sens des termes clés du contrat.
- **Solution** : Créez une section dédiée aux définitions en début de contrat pour expliciter le sens de chaque terme technique ou jargon spécifique utilisé.

Rééquilibrage des Droits et Obligations

Alignement des Obligations

- **Objectif** : Garantir que les engagements pris par les parties sont équitables et proportionnés.
- **Solution** : Révisez les obligations de chaque partie pour vous assurer qu'elles sont équilibrées, en ajoutant des contreparties où nécessaire.

Révision des Clés de Responsabilité

- **Objectif** : Assurer une répartition juste de la responsabilité en cas de manquement.
- **Solution** : Ajustez les clauses de limitation de responsabilité pour qu'elles soient raisonnables et conformes aux pratiques courantes du secteur.

Renforcement des Clauses de Résiliation
Inclusion de Motifs Précis de Résiliation
- **Objectif** : Préciser clairement les situations qui justifient une résiliation anticipée.
- **Solution** : Détaillez les motifs de résiliation, les procédures à suivre, et les préavis nécessaires pour permettre une résiliation en bonne forme.

Préavis Raisonnables
- **Objectif** : Donner suffisamment de temps aux parties pour se préparer à la résiliation.
- **Solution** : Fixez des délais de préavis conformes aux standards de l'industrie et aux besoins spécifiques des parties.

Protection des Données et Confidentialité
Renforcement des Clauses de Confidentialité
- **Objectif** : Protéger les informations sensibles et confidentielles.
- **Solution** : Précisez les types d'informations couvertes, les obligations de chaque partie concernant leur protection, et les sanctions en cas de non-respect.

Conformité aux Régulations de Protection des Données
- **Objectif** : Assurer que le contrat est conforme aux lois de protection des données.
- **Solution** : Intégrez des clauses spécifiques à la protection des données, incluant l'obligation de notifier les violations de données et les droits des personnes concernées.

Adoption de Techniques de Vérification et de Validation
Utilisation de Modèles de Contrats Standardisés
- **Objectif** : Assurer la conformité et l'efficacité des clauses communes.
- **Solution** : Adoptez des modèles de contrats recommandés par des associations professionnelles ou

des conseillers juridiques.

Incorporation d'Audits et d'Examens Réguliers

- **Objectif** : Garantir que le contrat reste pertinent et conforme aux évolutions juridiques.
- **Solution** : Mettez en place des processus d'audit régulier pour réviser et mettre à jour les conditions contractuelles si nécessaire.

Gestion des Litiges et Résolution des Conflits
Mécanismes de Résolution Alternatifs

- **Objectif** : Offrir des solutions pour régler les litiges rapidement et efficacement.
- **Solution** : Intégrez des clauses de médiation et d'arbitrage pour encourager la résolution à l'amiable des différends avant tout recours judiciaire.

Clause de Juridiction Compétente

- **Objectif** : Déterminer à l'avance le tribunal compétent en cas de litige.
- **Solution** : Définissez clairement la juridiction compétente dans le contrat, en fonction de critères tels que le lieu de résidence des parties ou le lieu d'exécution du contrat.

Utilisation des Outils Technologiques
Automatisation des Processus de Révision

- **Objectif** : Accélérer la détection des erreurs et des failles.
- **Solution** : Employez des logiciels spécialisés dans l'analyse de contrats pour identifier automatiquement les éléments problématiques.

Plateformes d'Édition Collaborative

- **Objectif** : Faciliter la collaboration entre les parties lors de la révision du contrat.
- **Solution** : Utilisez des outils comme Google Docs ou Microsoft Teams pour permettre des modifications en temps réel et des commentaires directs.

En appliquant ces solutions et stratégies, vous pouvez corriger efficacement les failles juridiques identifiées dans un contrat commercial. Une approche proactive de l'évaluation et de l'amélioration des clauses garantit la solidité, la clarté et la légalité des accords, renforçant ainsi la confiance entre les parties et diminuant les risques de litiges futurs.

4.4 Exercices pratiques : Révision et correction d'exemples de contrats

La meilleure façon de maîtriser l'art de la révision et de la correction des contrats commerciaux est de s'exercer sur des exemples pratiques. Voici quelques scénarios réalistes et contrats typiques pour vous permettre de mettre en pratique les techniques et stratégies abordées dans les chapitres précédents.

Exemple 1 : Contrat de Prestation de Services

Contexte :

- **Parties** : Alpha Consulting (Prestataire) et Beta Industries (Client)
- **Objet** : Prestation de services de conseil en stratégie pour une durée de six mois.

Clause Initiale à Réviser :

- Clause de Confidentialité : « Les informations échangées entre les parties durant la période du contrat doivent être traitées avec confidentialité. »

Failles Identifiées :

- **Vague et généralisée** : La clause ne spécifie pas quelles informations sont considérées comme confidentielles ni la durée de la confidentialité après la fin du contrat.

Correction Proposée :

- « Les parties conviennent que toutes les informations techniques, commerciales, et stratégiques échangées dans le cadre du présent contrat sont considérées comme confidentielles. Chaque partie s'engage à ne pas divulguer ces informations à des tiers sans l'autorisation écrite préalable de l'autre partie, et ce, pendant la durée du contrat et pour une période de deux ans à compter de sa résiliation. »

Objectif :

- Préciser les types d'informations couvertes et la durée de la confidentialité.

Exemple 2 : Contrat de Vente

Contexte :
- **Parties** : Gamma Equipments (Vendeur) et Delta Corp (Acheteur)
- **Objet** : Vente et livraison de machines industrielles.

Clause Initiale à Réviser :
- Clause de Livraison : « Les machines seront livrées dans les meilleurs délais après la signature du contrat. »

Failles Identifiées :
- **Manque de précision** : La clause est vague et ne définit pas de délai clair pour la livraison.

Correction Proposée :
- « Les machines seront livrées à l'adresse de l'acheteur dans un délai de 30 jours calendaires à compter de la date de signature du présent contrat. En cas de retard, le vendeur s'engage à informer l'acheteur dans les plus brefs délais et à proposer une nouvelle date de livraison. »

Objectif :
- Fournir un délai spécifique pour la livraison et une procédure en cas de retard.

Exemple 3 : Contrat de Distribution

Contexte :
- **Parties** : Epsilon Products (Fournisseur) et Zeta Distributions (Distributeur)
- **Objet** : Distribution exclusive de produits électroniques dans une région spécifique.

Clause Initiale à Réviser :
- Clause de Renouvellement Automatique : « Ce contrat sera automatiquement renouvelé pour une période supplémentaire d'un an à moins que l'une des parties ne notifie son intention de non-renouvellement au moins

10 jours avant la fin du contrat. »

Failles Identifiées :

- **Délai de préavis trop court** : 10 jours est un délai insuffisant pour la préparation à une résiliation ou à une renégociation.

Correction Proposée :

- « Ce contrat sera automatiquement renouvelé pour une période supplémentaire d'un an, à moins que l'une des parties ne notifie son intention de non-renouvellement au moins 60 jours avant la fin de la période contractuelle en cours. »

Objectif :

- Allonger le délai de préavis pour permettre une ample préparation.

Exemple 4 : Contrat de Licence

Contexte :

- **Parties** : Theta Software (Concédant) et Iota Solutions (Licencié)
- **Objet** : Licence d'utilisation de logiciels pour une durée déterminée.

Clause Initiale à Réviser :

- Clause de Garantie : « Le concédant garantit que le logiciel est exempt de tout défaut. »

Failles Identifiées :

- **Trop générale et irréaliste** : Toute garantie absolue est difficile à maintenir légalement.

Correction Proposée :

- « Le concédant garantit que le logiciel fonctionnera substantiellement conformément à la documentation fournie pendant une période de 12 mois à compter de la date de livraison. En cas de défaut substantiel pendant cette période, le concédant s'engage à corriger le défaut sans frais supplémentaires pour le licencié. »

Objectif :
- Limiter la garantie à une période spécifique et définir ce qui constitue un défaut substantiel.

En réalisant ces exercices pratiques, vous pouvez progresser dans la révision et la correction des contrats commerciaux, renforçant vos compétences et votre confiance dans l'élaboration de documents contractuels robustes et conformes aux standards professionnels et légaux.

CHAPITRE 5 : LA NÉGOCIATION CONTRACTUELLE

Après avoir appris à repérer et corriger les failles dans les contrats, l'étape suivante consiste à maîtriser l'art de la négociation. Une négociation bien menée permet de conclure des accords équitables et bénéfiques pour toutes les parties. Dans le prochain chapitre, nous explorerons les techniques de négociation et les meilleures pratiques pour atteindre des résultats favorables.

5.1 Les principes de base de la négociation

La négociation est un art complexe qui repose sur plusieurs principes fondamentaux. Maîtriser ces principes aide à atteindre des accords équilibrés et durables. Voici les principaux principes de base de la négociation dans le cadre des contrats commerciaux :

Compréhension Mutuelle

Écoute Active

- **Principe** : Écouter attentivement l'autre partie pour comprendre ses besoins, préoccupations et motivations.
- **Application** : Pratiquer l'écoute active en reformulant les points importants, posant des questions clarificatrices et montrant de l'empathie.

Communication Claire

- **Principe** : Utiliser un langage clair et précis pour éviter les malentendus.
- **Application** : Exprimer ses propres besoins et exigences de manière directe, tout en restant respectueux et ouvert aux suggestions de l'autre partie.

Préparation Solide

Recherche et Analyse

- **Principe** : Arriver bien préparé avec une compréhension approfondie des détails du contrat et des intérêts de toutes les parties.
- **Application** : Collecter des informations sur l'industrie, les antécédents des parties, les positions concurrentielles, et les précédents juridiques pertinents.

Établissement d'Objectifs

- **Principe** : Définir clairement les objectifs principaux et secondaires que l'on souhaite atteindre dans la négociation.
- **Application** : Établir des objectifs réalistes et

prioritaires, ainsi que des points non négociables et des zones de flexibilité.

Flexibilité et Adaptabilité
Compromis et Flexibilité

- **Principe** : Être prêt à faire des compromis et adapter sa position en fonction des avancées de la négociation.
- **Application** : Identifier les concessions possibles et les alternatives acceptables pour satisfaire mutuellement les besoins des parties.

Gestion des Conflits

- **Principe** : Gérer les désaccords de manière constructive pour éviter les impasses.
- **Application** : Utiliser des techniques de résolution de conflits comme la médiation, rester calme et factuel lors des discussions tendues.

Création de Valeur
Approche Gagnant-Gagnant

- **Principe** : Chercher à créer des solutions qui bénéficient à toutes les parties impliquées.
- **Application** : Identifier les intérêts communs et explorer des options innovantes qui ajoutent de la valeur pour tous.

Innovation et Créativité

- **Principe** : Penser de manière créative pour trouver des solutions novatrices aux points de blocage.
- **Application** : Considérer des concessions conditionnelles, des clauses de performance, des bonus de réussite, ou d'autres instruments pour enrichir l'accord.

Maintien de Bonnes Relations
Respect et Politesse

- **Principe** : Traiter l'autre partie avec respect pour construire une relation de confiance.

- **Application** : Éviter les attaques personnelles, valoriser les points de vue adverses, et manifester une attitude positive.

Engagement et Fiabilité
- **Principe** : Montrer de l'engagement envers les accords et faire preuve de fiabilité.
- **Application** : Tenir ses promesses, faire un suivi régulier des engagements et maintenir une communication ouverte même après la négociation.

Gestion Stratégique
Timing et Opportunités
- **Principe** : Utiliser le timing à son avantage pour optimiser les résultats de la négociation.
- **Application** : Savoir quand accélérer ou ralentir les discussions, choisir les bons moments pour présenter des propositions ou faire des concessions.

Anticipation des Objections
- **Principe** : Prévoir les objections et les barrières potentielles pour être prêt à y répondre efficacement.
- **Application** : Préparer des contre-arguments solides et des faits supports pour surmonter les objections dès qu'elles se présentent.

En intégrant ces principes de base dans votre approche de négociation, vous serez mieux équipé pour conduire des discussions productives et aboutir à des accords contractuels solides et bénéfiques pour toutes les parties. La maîtrise de ces fondamentaux est essentielle pour naviguer avec succès dans le processus de négociation commerciale.

5.2 Préparation et établissement des objectifs

La préparation est un élément crucial pour réussir une négociation. Un bon préparateur anticipe les besoins, les contingences et les éventualités pour naviguer efficacement au travers des pourparlers. Le processus de préparation implique plusieurs étapes importantes, dont une analyse approfondie et la définition d'objectifs clairs. Voici comment bien se préparer et établir des objectifs pour une négociation de contrat commercial.

Analyse Préliminaire

Recherche et Collecte d'Informations

- **Objectif** : Rassembler toutes les informations pertinentes sur les parties impliquées, le contexte de la négociation et les précédents contractuels.
- **Action** : Étudiez le secteur, l'historique des parties prenantes, leurs motivations, leurs besoins et leurs vulnérabilités. Utilisez des sources fiables telles que des rapports financiers, des études de marché et des publications sectorielles.

Analyse Swot

- **Objectif** : Identifier les forces (Strengths), faiblesses (Weaknesses), opportunités (Opportunities) et menaces (Threats) de la situation.
- **Action** : Évaluez vos propres forces et faiblesses, ainsi que celles de l'autre partie. Identifiez les opportunités communes et les menaces potentielles à la réussite de la négociation.

Définition des Enjeux

- **Objectif** : Évaluer ce qui est réellement en jeu pour chacune des parties.
- **Action** : Définissez les enjeux financiers, juridiques, stratégiques et relationnels. Priorisez ces enjeux pour

avoir une vision claire de ce qui est essentiel et de ce qui peut être négociable.

Établissement des Objectifs

Identification des Objectifs Primaires et Secondaires

- **Objectif** : Distinguer ce qui est absolument nécessaire de ce qui serait bénéfique à obtenir.
- **Action** : Établissez une liste d'objectifs primaires, qui sont non négociables, et d'objectifs secondaires, qui sont souhaitables mais peuvent être compromis. Par exemple, un objectif primaire pourrait être de sécuriser une clause de non-divulgation stricte, tandis qu'un objectif secondaire pourrait être d'obtenir des délais de paiement plus favorables.

SMART Objectives

- **Objectif** : S'assurer que les objectifs sont clairs et atteignables.
- **Action** : Formulez vos objectifs selon le modèle SMART : Spécifiques (Specific), Mesurables (Measurable), Atteignables (Achievable), Réalistes (Realistic) et Temporels (Time-bound). Par exemple, « Obtenir une réduction de 10% sur les coûts d'approvisionnement dans les 30 jours suivants la signature du contrat. »

Préparation Stratégique

Élaboration de Scénarios

- **Objectif** : Préparer différents scénarios possibles et les réponses appropriées.
- **Action** : Créez des "what-if" scénarios pour chaque point-clé de la négociation. Par exemple, que se passera-t-il si l'autre partie refuse une concession cruciale ? Préparez des contre-propositions à l'avance.

Élaboration d'une BATNA (Best Alternative to a Negotiated Agreement)

- **Objectif** : Déterminer la meilleure alternative en cas

d'échec de la négociation.
- **Action** : Identifiez et préparez-vous à la meilleure alternative disponible si un accord ne peut être atteint. Par exemple, avoir un autre fournisseur potentiellement disponible peut servir de levier dans la négociation avec le fournisseur actuel.

Fixation des Limites et des Concessions
- **Objectif** : Savoir jusqu'où vous êtes prêt à aller et ce que vous êtes prêt à céder.
- **Action** : Définissez des limites claires pour chaque point de négociation et préparez une liste de concessions possibles qui n'affectent pas vos objectifs primaires.

Préparation Logistique

Organisation des Documents
- **Objectif** : Avoir tous les documents nécessaires disponibles et ordonnés.
- **Action** : Préparez un dossier complet avec les versions précédentes du contrat, toutes les correspondances, les notes de réunion, et tout autre document pertinent pour une consultation rapide.

Préparation de l'Équipe de Négociation
- **Objectif** : S'assurer que tous les membres de l'équipe sont alignés et bien informés.
- **Action** : Briefer chaque membre de l'équipe sur les objectifs, stratégies, et rôles attendus. Assurez-vous que chacun connaît parfaitement les points à aborder et les concessions possibles.

Gestion du Timing
- **Objectif** : Optimiser les délais pour une négociation efficace.
- **Action** : Établissez un calendrier clair avec des échéances pour chaque étape de la négociation. Prévoyez des pauses pour réévaluer la situation et ajuster les

stratégies si nécessaire.

Préparatifs Psychologiques

Préparation Mentale

- **Objectif** : Se préparer mentalement pour rester calme et concentré.
- **Action** : Adoptez des techniques de relaxation et de visualisation, anticipez les difficultés et préparez-vous à maintenir une attitude positive et résiliente.

Anticipation des Tactiques Adverses

- **Objectif** : Prévoir les stratégies de l'autre partie et être prêt à réagir.
- **Action** : Envisagez les tactiques potentielles de l'autre partie (par exemple, des tactiques de bluff ou de pression) et préparez des réponses stratégiques pour chaque situation.

En mettant en œuvre ces étapes de préparation et d'établissement des objectifs, vous pouvez entrer dans une négociation avec une vision claire et une stratégie bien définie. La clé est de rester flexible tout en ayant des objectifs et des limites bien établis, augmentant ainsi les chances de parvenir à un accord bénéfique pour toutes les parties.

5.3 Techniques de négociation

Une négociation réussie repose sur l'utilisation de techniques adaptées qui permettent de conduire les discussions de manière efficace et productive. Voici quelques techniques éprouvées pour vous aider à naviguer dans le processus de négociation et à aboutir à des accords satisfaisants pour toutes les parties :

Technique de l'Écoute Active

Objectif : Comprendre pleinement les besoins et préoccupations de l'autre partie. **Application :** Pratiquer l'écoute active en reformulant ce que l'autre partie a dit, en posant des questions ouvertes pour clarifier les points et en montrant de l'empathie. Par exemple, « Si je comprends bien, vous êtes préoccupé par les délais de livraison. Pouvez-vous m'en dire plus sur ce qui vous inquiète exactement ? »

Technique du BATNA (Best Alternative to a Negotiated Agreement)

Objectif : Renforcer votre position en connaissant vos meilleures alternatives en cas d'échec de la négociation. **Application :** Identifiez clairement votre BATNA avant d'entamer les discussions. Utilisez cette connaissance pour évaluer les offres en cours de négociation et pour avoir une base solide au cas où vous devriez vous retirer de la table de négociation.

Technique du Questionnement Stratégique

Objectif : Explorer en profondeur les positions de l'autre partie sans donner l'impression d'être trop interrogatif. **Application :** Posez des questions stratégiques qui encouragent l'autre partie à révéler ses besoins et motivations. Par exemple, « Quels sont vos principaux objectifs pour ce projet ? » ou « Comment voyez-vous notre collaboration évoluer à long terme ? »

Technique de l'Ancrage

Objectif : Influencer la discussion en fixant un point de départ pour les négociations. **Application :** Commencez les négociations avec une offre ou une demande initiale ambitieuse mais raisonnable qui orientera les discussions dans votre direction. Par exemple, en proposant un prix initial légèrement plus élevé pour avoir de la marge pour les concessions ultérieures.

Technique des Concessions Réciproques

Objectif : Créer un sentiment d'équité et de réciprocité dans les négociations. **Application :** Lorsque vous concédez quelque chose à l'autre partie, demandez en retour une concession équivalente. Par exemple, « Si nous acceptons de prolonger la période de garantie, seriez-vous prêt à réduire les délais de paiement ? »

Technique du Silence

Objectif : Donner à l'autre partie le temps de réfléchir et potentiellement révéler des informations supplémentaires. **Application :** Après avoir posé une question ou fait une proposition, restez silencieux et laissez l'autre partie répondre. Utilisez le silence comme un outil pour montrer que vous attendez une réponse sérieuse et réfléchie.

Technique de la Répétition

Objectif : Assurer la clarté et la compréhension mutuelle. **Application :** Répétez ou reformulez les points clés de la discussion pour vérifier que toutes les parties sont sur la même longueur d'onde. Par exemple, « Pour être sûr que nous sommes d'accord, vous confirmez que les livraisons commenceront le 1er juin, n'est-ce pas ? »

Technique de la Partition

Objectif : Décomposer les problèmes complexes pour trouver des solutions partielles. **Application :** Lorsque des blocages surviennent, divisez les problèmes en éléments plus petits et plus gérables. Par exemple, si les termes financiers posent problème, discutez séparément du prix, des modalités de paiement et des remises éventuelles.

Technique du « Quid Pro Quo »

Objectif : Échanger des éléments de valeur équivalente pour progresser vers un accord. **Application :** Proposez des échanges où chaque partie obtient quelque chose d'important pour elle. Par exemple, « Nous pouvons accepter votre demande de modification du produit, à condition que vous prolongiez le contrat d'un an supplémentaire. »

Technique de la Visualisation de Scénarios

Objectif : Anticiper les conséquences potentielles des différentes offres et contre-offres. **Application** : Discutez des scénarios possibles pour chaque proposition et évaluez ensemble leurs impacts à court et à long terme. Utilisez des graphiques ou des matrices pour illustrer les avantages et les inconvénients de chaque option.

Mise en Application

Études de Cas Réelles

- Appliquez ces techniques à des études de cas réelles ou fictives pour pratiquer leur utilisation dans des situations variées.
- Organisez des sessions de simulation de négociation pour renforcer ces compétences en groupe.

Suivi et Ajustements

- Après chaque négociation, évaluez les techniques utilisées : ce qui a fonctionné, ce qui pourrait être amélioré.
- Adaptez et perfectionnez vos techniques en fonction des retours et des résultats obtenus.

Apprentissage Continu

- Participez à des formations et lisez des ouvrages spécialisés pour enrichir et diversifier votre palette de techniques de négociation.

En intégrant ces techniques dans vos négociations, vous pouvez améliorer votre capacité à atteindre des accords solides et satisfaisants pour toutes les parties. Une approche stratégique et bien structurée facilite la gestion des discussions, résout efficacement les conflits et construit des accords mutuellement avantageux.

5.4 Négocier les clauses sensibles

Certaines clauses des contrats commerciaux sont souvent source de frictions et nécessitent une attention particulière lors des négociations. Il est crucial d'aborder ces clauses sensibles avec une stratégie spécifique pour garantir un accord équilibré. Voici les techniques et les considérations à prendre en compte pour négocier efficacement les clauses sensibles :

Clauses de Conformité et de Responsabilité

Objectif : Définir clairement les responsabilités et les obligations des parties en cas de non-conformité ou de défaut. **Stratégie :**

- **Clarté et Précision** : Rédigez des clauses précises détaillant les conditions de conformité et les responsabilités associées.
- **Justification Documentée** : Utilisez des études de cas ou des précédents juridiques pour justifier vos exigences en matière de responsabilité.
- **Limitation de Responsabilité** : Proposez des limites raisonnables à la responsabilité financière pour éviter des pénalités disproportionnées.

Clauses de Paiement et de Pénalités

Objectif : Fixer des modalités de paiement équitables et des pénalités proportionnées. **Stratégie :**

- **Modalités de Paiement Claires** : Définissez précisément les échéances, les moyens de paiement acceptés et les rabais pour paiements anticipés.
- **Pénalités Raisonnables** : Négociez des pénalités teintées de pragmatisme pour les retards ou défauts de paiement, en tenant compte des capacités financières des parties.
- **Flexibilité** : Prévoyez des possibilités de rééchelonnement ou de délai de grâce en cas de difficultés financières temporaires.

Clauses de Non-Concurrence et Exclusivité

Objectif : Protéger les intérêts commerciaux sans restreindre excessivement les libertés des parties. **Stratégie :**

- **Durée et Portée** : Limitez la durée et la portée géographique des clauses de non-concurrence pour garantir leur acceptabilité et conformité légale.
- **Réciprocité** : Assurez-vous que les engagements de non-concurrence soient réciproques et équitables.
- **Compensation** : Proposez une compensation en échange des restrictions imposées, afin de rendre la clause plus acceptable.

Clauses de Durée et de Résiliation

Objectif : Faciliter la continuation de la relation contractuelle tout en permettant des sorties équitables si nécessaire. **Stratégie :**

- **Précision sur la Durée** : Établissez clairement la durée initiale du contrat et les conditions de renouvellement.
- **Conditions de Résiliation** : Définissez des motifs de résiliation clairs et équitables, avec des préavis raisonnables.
- **Indemnités** : Prévoyez des indemnités de résiliation pour compenser les investissements spécifiques et les coûts engagés.

Clauses de Confidentialité

Objectif : Protéger les informations sensibles tout en permettant une certaine flexibilité opérationnelle. **Stratégie :**

- **Spécificité** : Identifiez spécifiquement quelles informations sont considérées comme confidentielles.
- **Durée de Confidentialité** : Limitez la durée de la confidentialité à une période réaliste et justifiable post-contrat.
- **Exclusions** : Incluez des exceptions claires pour les informations déjà publiques ou obtenues de manière indépendante.

Clauses de Propriété Intellectuelle

Objectif : Protéger les droits de propriété intellectuelle tout en permettant une utilisation accrue par les parties. **Stratégie :**

- **Définition Large :** Définissez clairement ce qui constitue la propriété intellectuelle couverte par le contrat.
- **Licence et Usage :** Établissez des conditions d'utilisation clairement définies et négociez des licences équilibrées.
- **Protection et Défense :** Prévoyez des mécanismes de protection et des responsabilités en cas d'infraction.

Clauses de Force Majeure

Objectif : Gérer les risques liés aux événements imprévus de manière équitable. **Stratégie :**

- **Définition Clé :** Établissez une définition claire des événements de force majeure couverts par la clause.
- **Obligations de Notification :** Prévoyez des obligations de notification rapide des événements de force majeure.
- **Suspension et Résiliation :** Déterminez les droits et obligations des parties pendant la suspension des obligations et les conditions de résiliation en cas de force majeure prolongée.

Clauses de Résolution des Litiges

Objectif : Prévoir des mécanismes efficaces pour résoudre les conflits de manière paritaire et efficace. **Stratégie :**

- **Médiation et Arbitrage :** Favorisez des modes alternatifs de résolution des conflits avant de recourir à la voie judiciaire.
- **Lieu et Juridiction :** Déterminez d'un commun accord le lieu et la juridiction compétente en cas de litige.
- **Durée et Coûts :** Prévoyez des délais pour la résolution des conflits et une répartition équitable des frais associés.

Clauses de Renouvellement Automatique

Objectif : Gérer les renouvellements de contrat de manière prévisible et consensuelle. **Stratégie :**

- **Conditions de Renouvellement** : Précisez les conditions et notifications nécessaires pour le renouvellement automatique du contrat.
- **Périodes d'Audit** : Prévoyez des périodes d'évaluation avant les dates de renouvellement pour permettre un ajustement des termes selon les besoins.

En négociant ces clauses sensibles avec une approche stratégique et pragmatique, vous pouvez assurer une relation contractuelle plus stable et équilibrée. Une préparation minutieuse, une communication claire et des concessions équitables sont essentielles pour atteindre des accords durables et satisfaisants pour toutes les parties.

5.5 L'art du compromis

Le compromis est une composante centrale de toute négociation réussie. L'art du compromis consiste à trouver des solutions qui, bien que n'étant peut-être pas idéales pour une partie, sont acceptables pour toutes les parties impliquées et contribuent à l'établissement d'un accord équilibré. Voici comment maîtriser l'art du compromis dans les négociations de contrats commerciaux :

Compréhension des Priorités

Identification des Priorités

- **Objectif** : Identifier les priorités absolues et secondaires de chaque partie.
- **Action** : Classez vos objectifs selon leur importance et encouragez l'autre partie à faire de même. Par exemple, la qualité du produit peut être une priorité absolue pour l'acheteur, tandis que le prix peut être secondaire.

Points Non Négociables

- **Objectif** : Déterminer les éléments non négociables pour chaque partie.
- **Action** : Clarifiez dès le début de la négociation les points sur lesquels vous ne pouvez pas transiger, et demandez à l'autre partie de faire de même.

Équilibre entre Concessions et Gains

Analyse des Concessions

- **Objectif** : Evaluer l'impact des concessions sur la satisfaction globale des parties.
- **Action** : Pour chaque concession faite, assurez-vous qu'elle apporte un gain proportionnel. Par exemple, accepter un délai de livraison un peu plus long en échange d'un prix réduit.

Principe de Réciprocité

- **Objectif** : Assurer une équité dans les concessions faites.

- **Action** : Pour chaque concession accordée, demandez une contrepartie qui équilibre la valeur de la concession initiale. Cela maintient l'équité et montre votre volonté de coopérer tout en protégeant vos intérêts.

Techniques de Compromis
Options Multiples

- **Objectif** : Offrir plusieurs options pour faciliter le compromis.
- **Action** : Proposez deux ou trois alternatives viables concernant un point de négociation. Par exemple, offrir une réduction de prix pour un volume d'achat plus important ou prolonger la garantie en échange d'un accord plus long.

Négociation Par Étapes

- **Objectif** : Faciliter les compromis en procédant par étapes.
- **Action** : Divisez les négociations en étapes ou en phases, en commençant par les points les plus faciles à résoudre pour établir un climat de confiance, puis en abordant les sujets plus complexes.

Marges de Manœuvre

- **Objectif** : Garder des marges de manœuvre pour faciliter les échanges.
- **Action** : Identifiez les marges de manœuvre possibles dans vos positions sans sacrifier vos priorités essentielles, et utilisez ces marges pour négocier.

Gestion des Émotions et de la Perception
Émotion et Objectivité

- **Objectif** : Maintenir une approche émotionnellement neutre et objective.
- **Action** : Restez calme et factuel, même lorsque l'autre partie exprime de fortes émotions. Utilisez des techniques de gestion du stress pour rester centré sur les

intérêts communs.

Perception des Concessions
- **Objectif** : Valoriser correctement les concessions faites.
- **Action** : Présentez chaque concession comme une contribution constructive à la solution globale, et non comme une faiblesse. Mettez en avant les bénéfices à long terme des compromis acceptés.

Créativité dans les Solutions

Innovation et Originalité
- **Objectif** : Trouver des solutions créatives qui répondent aux besoins des deux parties.
- **Action** : Pensez en dehors des sentiers battus pour trouver des arrangements innovants. Par exemple, intégrer des clauses de révision périodique pour ajuster les termes selon les évolutions du marché.

Approches Flexibles
- **Objectif** : Rester ouvert aux ajustements et aux alternatives.
- **Action** : Adoptez une approche flexible dans la résolution des conflits en explorant des arrangements temporaires ou des solutions hybrides.

Renforcement des Relations

Confiance et Respect Mutuels
- **Objectif** : Construire et maintenir une relation de confiance et de respect.
- **Action** : Soyez transparent dans vos communications, respectez les engagements pris et soyez réactif aux besoins de l'autre partie. La confiance réciproque facilite les compromis.

Engagement à Long Terme
- **Objectif** : Voir au-delà de l'accord immédiat pour envisager des bénéfices futurs.
- **Action** : Envisagez les compromis comme des

investissements dans une relation à long terme. Par exemple, accepter des termes légèrement moins favorables à court terme pour renforcer la collaboration sur des projets futurs.

En adoptant ces stratégies et techniques pour exceller dans l'art du compromis, vous pourrez naviguer avec succès dans les négociations complexes et atteindre des accords équilibrés. La capacité à faire des concessions réfléchies tout en protégeant vos intérêts clés est essentielle pour construire des partenariats commerciaux durables et fructueux.

5.6 Simulations de négociation

Les simulations de négociation sont des outils précieux pour développer et affiner les compétences de négociation. Elles permettent de recréer des scénarios réels dans un environnement contrôlé, offrant ainsi une opportunité d'apprentissage pratique. Voici comment structurer et utiliser efficacement les simulations de négociation pour améliorer vos compétences.

Préparation de la Simulation

Choix du Scénario

- **Objectif** : Sélectionner des scénarios réalistes et pertinents pour les participants.
- **Action** : Choisissez des situations de négociation courantes dans votre domaine, telles que la négociation de contrats de prestation de services, de distribution ou de partenariat.

Réalisation des Rôles

- **Objectif** : Assigner des rôles spécifiques aux participants pour refléter une situation réelle.
- **Action** : Attribuez à chaque participant un rôle précis, par exemple, celui d'un fournisseur, d'un client, d'un intermédiaire ou d'un avocat. Fournissez-leur des descriptions de rôles détaillées et les objectifs de chaque partie.

Définition des Objectifs

- **Objectif** : Établir des objectifs clairs pour chaque partie impliquée.
- **Action** : Définissez des objectifs explicites pour chaque rôle, ainsi que des points non négociables et des objectifs secondaires. Par exemple, un fournisseur pourrait vouloir une clause de paiement rapide, tandis qu'un client peut insister sur des délais de livraison stricts.

Déroulement de la Simulation

Phase d'Ouverture
- **Objectif** : Initier la discussion et établir un cadre de négociation.
- **Action** : Commencez par des introductions formelles et invitez chaque partie à présenter ses objectifs et attentes initiales. Établissez des règles de négociation, telles que l'écoute active et le respect mutuel.

Phase de Discussion
- **Objectif** : Explorer les positions de chaque partie et identifier les points de convergence et de divergence.
- **Action** : Encouragez les participants à échanger des propositions, à poser des questions et à reformuler les points pour assurer une compréhension mutuelle. Favorisez l'utilisation des techniques de négociation vues précédemment, telles que l'ancrage et le questionnement stratégique.

Phase de Négociation
- **Objectif** : Échanger des offres et des contre-offres pour parvenir à des compromis.
- **Action** : Engagez les participants dans l'échange de concessions et de contreparties. Passez du temps sur les clauses sensibles, en utilisant des techniques telles que la partition et les options multiples pour trouver des solutions acceptables pour toutes les parties.

Phase de Finalisation
- **Objectif** : Conclure la négociation avec un accord formel.
- **Action** : Rédigez un résumé de l'accord atteint, y compris les termes négociés et les engagements pris par chaque partie. Assurez-vous que toutes les parties signent ce résumé pour confirmer leur accord.

Débriefing et Analyse
Réflexion et Feedback
- **Objectif** : Encourager les participants à réfléchir sur leur

performance et les résultats de la simulation.
- **Action** : Organisez une session de débriefing où chaque participant peut partager ses impressions et ses apprentissages. Posez des questions comme « Qu'avez-vous trouvé le plus difficile ? » et « Quels aspects de votre approche ont bien fonctionné ? ».

Analyse des Stratégies
- **Objectif** : Analyser les stratégies utilisées et leur efficacité.
- **Action** : Dressez un bilan des stratégies de négociation déployées et discutez de leur efficacité. Identifiez les techniques qui ont conduit à des résultats positifs et celles qui ont rencontré des obstacles.

Recommandations pour l'Amélioration
- **Objectif** : Fournir des conseils pratiques pour améliorer les compétences de négociation.
- **Action** : Offrez des suggestions constructives pour chaque participant, comme des techniques alternatives à essayer ou des aspects spécifiques à travailler, tels que la gestion du stress ou l'amélioration de la communication claire.

Intégration aux Programmes de Formation

Modules Pédagogiques
- **Objectif** : Intégrer les simulations de négociation dans les programmes de formation continue.
- **Action** : Créez des modules spécifiques dédiés aux simulations de négociation, avec des exercices adaptés aux niveaux de compétence des participants. Utilisez des scénarios variés pour couvrir différentes facettes de la négociation contractuelle.

Répétition et Perfectionnement
- **Objectif** : Permettre une pratique régulière et une amélioration continue.

- **Action** : Organisez des sessions de simulation régulières pour permettre aux participants de pratiquer et d'affiner leurs compétences. Évaluez les progrès et ajustez les scénarios pour aborder de nouveaux défis et complexités.

En intégrant des simulations de négociation dans votre processus de formation, vous pouvez améliorer de manière significative les compétences des participants, leur permettant de s'engager dans des négociations réelles avec plus de confiance et d'efficacité. Les simulations offrent un environnement d'apprentissage dynamique et interactif qui contribue à développer les capacités analytiques, stratégiques et interpersonnelles essentielles pour réussir dans les négociations commerciales.

CHAPITRE 6 : LA FORMALISATION ET LE SUIVI DES CONTRATS

Une fois le contrat négocié et signé, il est crucial de savoir comment gérer les litiges qui peuvent survenir. La gestion proactive des conflits permet de minimiser les disruptions et de maintenir des relations commerciales saines. Dans le prochain chapitre, nous aborderons les différentes approches pour la résolution des litiges et la gestion des différends contractuels.

6.1 Formalisation d'un contrat révisé

La formalisation d'un contrat révisé est une étape cruciale qui officialise l'accord entre les parties. Elle garantit que toutes les modifications apportées sont correctement intégrées et que le document final est juridiquement contraignant. Voici comment procéder à la formalisation d'un contrat révisé de manière efficace et rigoureuse :

Intégration des Modifications

Consolidation des Changements

- **Objectif** : Intégrer toutes les modifications apportées lors des négociations dans un document unique.
- **Action** : Combinez toutes les révisions validées dans une version finale du contrat. Assurez-vous que les modifications sont correctement intégrées et clairement visibles, en utilisant des outils de suivi des modifications dans les logiciels de traitement de texte.

Vérification des Références Interne

- **Objectif** : Garantir la cohérence et l'exactitude des références internes (sections, articles, annexes).
- **Action** : Passez en revue toutes les références internes pour s'assurer qu'elles pointent vers les sections correctes. Corrigez toute incohérence identifiée.

Révision Finale

Lecture Complète

- **Objectif** : Effectuer une lecture finale pour vérifier la clarté et la précision de chaque clause.
- **Action** : Lisez le contrat dans son intégralité pour vous assurer que toutes les clauses sont claires, bien rédigées et facilement compréhensibles par toutes les parties impliquées.

Double Contrôle des Détails

- **Objectif** : S'assurer que tous les détails essentiels (noms,

dates, montants, etc.) sont corrects.
- **Action** : Examinez minutieusement les noms des parties, les dates, les montants financiers et toutes les autres données sensibles pour confirmer leur exactitude.

Certification Juridique
Consultation des Conseillers Juridiques
- **Objectif** : Obtenir une validation légale du contrat révisé.
- **Action** : Faites examiner le contrat par des conseillers juridiques pour vérifier sa conformité aux lois et régulations applicables. Intégrez les recommandations juridiques dans la version finale.

Vérification de Conformité
- **Objectif** : Assurer la conformité avec les lois sectorielles et réglementations locales.
- **Action** : Effectuez un contrôle de conformité pour s'assurer que le contrat respecte toutes les exigences légales spécifiques à votre secteur et juridiction.

Signature et Execution
Préparation des Copies Signées
- **Objectif** : Préparer les copies finales du contrat pour la signature de toutes les parties.
- **Action** : Imprimez plusieurs copies du contrat ou utilisez un service de signature électronique reconnue pour préparer le document numérique en vue des signatures.

Obtention des Signatures
- **Objectif** : Obtenir les signatures officielles de toutes les parties impliquées.
- **Action** : Organisez une réunion de signature ou utilisez des outils de signature électronique pour recueillir les signatures sur toutes les copies du contrat. Assurez-vous

que toutes les parties signent les pages nécessaires et initient les modifications importantes si requis.

Archivage et Distribution

Archivage Physique et Numérique

- **Objectif :** Conserver le contrat signé dans des archives sécurisées.
- **Action :** Archivez les copies signées du contrat dans un espace de stockage physique sécurisé et scannez-les pour les conserver numériquement dans un système de gestion des documents électronique protégé.

Distribution des Copies

- **Objectif :** Distribuer des copies du contrat signé à toutes les parties concernées.
- **Action :** Transmettez une copie signée du contrat à chaque partie prenante principale et assurez-vous qu'elles en accusent réception.

Documentation des Interactions

Enregistrement des Modifications

- **Objectif :** Maintenir un historique détaillé de toutes les modifications apportées.
- **Action :** Conservez un registre de toutes les révisions et modifications effectuées, y compris les dates de modification, les justifications et les approbations reçues.

Traçabilité

- **Objectif :** Assurer la traçabilité des interactions et décisions.
- **Action :** Documentez toutes les interactions clés et les décisions prises pendant le processus de formalisation. Utilisez des rapports et des mémos de réunion pour capturer ces informations.

En appliquant ces principes, vous pouvez vous assurer que le contrat révisé est correctement formalisé, conforme aux exigences légales et prêt à être exécuté.

6.2 Langage clair et précis

Rédiger un contrat avec un langage clair et précis est crucial pour éviter les malentendus et garantir que toutes les parties comprennent pleinement les termes et conditions de l'accord. Une communication claire facilite l'exécution du contrat et réduit les risques de litige. Voici les clés pour écrire des clauses contractuelles de manière efficace et intelligible :

Utilisation de Termes Définis
Définir les Termes Techniques

- **Objectif** : Assurer que les termes techniques ou jargon spécifique sont compris par toutes les parties.
- **Action** : Inclure une section de définitions au début du contrat où tous les termes techniques sont clairement définis. Par exemple, « 'Service' désigne toute activité fournie par le Prestataire telle que définie dans l'Annexe A. »

Clarté des Références

- **Objectif** : Éviter les ambiguïtés en utilisant des termes définis de manière cohérente.
- **Action** : Référez-vous aux termes définis de manière cohérente partout dans le contrat. Utiliser le même terme exact pour la même chose sans variation d'expression.

Syntaxe et Structure
Phrase Courtes et Simples

- **Objectif** : Faciliter la compréhension en utilisant des phrases courtes et une structure simple.
- **Action** : Limitez la longueur des phrases et utilisez une structure sujet-verbe-complément. Par exemple, au lieu de « L'Acheteur, lors de la réception des biens livrés par le Vendeur, doit immédiatement vérifier la conformité des dits biens... », préférez « L'Acheteur doit vérifier

la conformité des biens immédiatement après leur réception. »

Évitement des Négations Multiples

- **Objectif** : Éviter les confusions dues aux négations multiples.
- **Action** : Utilisez des affirmations positives. Par exemple, remplacez « Les produits ne pourront pas être retournés sauf si la non-conformité n'est pas contestée » par « Les produits peuvent être retournés uniquement si la non-conformité est confirmée. »

Précision des Clauses
Détailler les Obligations

- **Objectif** : Rendre les obligations de chaque partie exhaustives et spécifiques.
- **Action** : Décrivez précisément les actions attendues de chaque partie, y compris les délais et les critères de réalisation. Par exemple, « Le Prestataire doit livrer les services décrits dans l'Annexe B dans un délai de 30 jours suivant la signature du contrat. »

Éviter les Ambiguïtés

- **Objectif** : Prévenir les interprétations multiples des clauses.
- **Action** : Évitez les termes vagues comme « raisonnable », « suffisant », ou « nécessaire » sans les définir. Par exemple, remplacez « dans un délai raisonnable » par « dans un délai de 15 jours calendaires ».

Cohérence et Répétitions
Cohérence Terminologique

- **Objectif** : Utiliser les mêmes termes tout au long du document pour la même notion.
- **Action** : Une fois un terme choisi, utilisez-le uniformément sans synonymes. Par exemple, si vous utilisez « Contrat » pour désigner l'accord, ne le

remplacez pas par « Accord » dans une autre partie du document.

Utilisation Modérée des Répétitions

- **Objectif :** Éviter les répétitions inutiles qui peuvent alourdir le texte.
- **Action :** Regroupez les informations similaires pour éviter de répéter les mêmes clauses dans différentes sections. Utilisez des références internes avec parcimonie pour diriger le lecteur vers les clauses supplémentaires sans redondance.

Langage Juridique Adapté
Éviter le Jargon Abusif

- **Objectif :** Utiliser un langage juridique seulement lorsque nécessaire et en le rendant compréhensible.
- **Action :** Remplacez le jargon complexe par des termes simples quand possible. Par exemple, plutôt que « ci-après désigné », utilisez « appelé ci-après. »

Balise légale explicite

- **Objectif :** Assurer la délimitation claire des obligations légales.
- **Action :** Utilisez des balises légales explicites pour indiquer les obligations et restrictions légales, par exemple : « Conformément à Article 123 du Code civil ».

Vérifications et Révisions
Relecture et Édition

- **Objectif :** Assurer la clarté et l'exactitude du langage employé.
- **Action :** Relisez plusieurs fois le contrat, idéalement par différentes personnes, pour vérifier son interprétabilité. Utilisez des outils de vérification grammaticale et linguistique pour identifier les erreurs et les ambiguïtés.

Test de Compréhension

- **Objectif :** Vérifier la compréhension par une personne

externe aux négociations.
- **Action** : Faites lire le contrat à une personne qui n'a pas participé à sa rédaction pour confirmer que le langage est clair et compréhensible. Notez leurs questions et ajustez le langage en conséquence.

En appliquant ces principes de rédaction claire et précise, vous pouvez créer des contrats qui sont facilement compris par toutes les parties prenantes, réduisant ainsi les risques de malentendus et de litiges. Un langage simple mais juridiquement pertinent contribue à la transparence et à la faisabilité des accords contractuels.

6.3 Validation légale et approbation

La validation légale et l'approbation sont des étapes essentielles pour garantir que le contrat révisé est juridiquement contraignant et conforme aux lois et réglementations applicables. Cette phase permet de sécuriser l'accord et de prévenir les litiges futurs. Voici les principales étapes à suivre pour valider légalement et obtenir l'approbation d'un contrat révisé :

Consultation de Conseillers Juridiques

Revue Juridique Interne

- **Objectif :** Effectuer une première vérification juridique au sein de l'entreprise.
- **Action :** Soumettez le contrat révisé à l'équipe juridique interne, le cas échéant, pour une première revue. L'équipe doit vérifier la conformité avec les politiques internes et les normes légales de base.

Analyse par des Experts Externes

- **Objectif :** Obtenir une validation indépendante et spécialisée.
- **Action :** Engagez un conseiller juridique externe ou un cabinet d'avocats spécialisé en droit commercial pour effectuer une analyse approfondie. L'expert doit vérifier la légalité de chaque clause, notamment en ce qui concerne la conformité réglementaire et sectorielle.

Vérification de la Conformité Réglementaire

Conformité avec les Lois Locales et Internationales

- **Objectif :** Assurer que le contrat respecte toutes les lois applicables.
- **Action :** Révisez le contrat pour vérifier sa conformité avec les lois locales de la juridiction où il sera exécuté, ainsi que toute législation internationale pertinente.

Protection des Données et Confidentialité

- **Objectif :** Garantir le respect des régulations en matière de protection des données.

- **Action** : Vérifiez que les clauses de protection des données et de confidentialité respectent les régulations telles que le RGPD pour les entités opérant en Europe. Assurez-vous que les dispositions sont adéquates pour protéger les données sensibles.

Conformité avec les Normes Industrielles
Normes Spécifiques au Secteur

- **Objectif** : S'aligner sur les pratiques et exigences spécifiques à votre secteur d'activité.
- **Action** : Intégrez les recommandations des associations professionnelles ou des organismes de régulation du secteur. Par exemple, pour les contrats dans le secteur de la construction, respectez les normes de sécurité et les obligations d'assurance spécifiques.

Clauses Standardisées

- **Objectif** : Utiliser des clauses standardisées pour des questions courantes.
- **Action** : Utilisez des clauses type reconnues dans votre industrie pour les aspects courants du contrat, comme les clauses de responsabilité ou de résiliation, afin d'assurer une conformité accrue aux pratiques de l'industrie.

Processus d'Approbation
Révision par les Parties Prenantes

- **Objectif** : Obtenir l'approbation et les feedbacks des parties prenantes internes.
- **Action** : Partagez le contrat révisé avec les différentes parties prenantes de votre organisation (finances, opérations, gestion des risques) pour un retour complet. Recueillez et intégrez les commentaires pertinents.

Recueil des Approbations Formelles

- **Objectif** : Obtenir l'approbation officielle de toutes les parties.

- **Action** : Préparez un document d'approbation formelle pour chaque partie prenante à signer, confirmant leur accord avec le contenu et les termes du contrat. Cette étape peut impliquer des réunions de validation avec les décideurs clés.

Documentation et Archivage
Enregistrement des Approbations

- **Objectif** : Documenter toutes les approbations obtenues pour des références futures.
- **Action** : Enregistrez sous forme de trace écrite toutes les validations et approbations obtenues, y compris les échanges de courriers électroniques et les procès-verbaux de réunion.

Archivage Juridique

- **Objectif** : Conserver une copie de tous les documents de validation et approbation.
- **Action** : Archivez tous les documents liés à la validation légale et aux approbations dans un endroit sécurisé et facilement accessible. Assurez-vous que ces documents sont protégés contre les pertes et accessibles en cas de besoin.

Système de Gestion Contractuelle
Mise en Place d'un Système de Gestion des Contrats

- **Objectif** : Gérer efficacement les contrats signés et leurs approbations.
- **Action** : Utilisez un logiciel de gestion des contrats pour suivre l'approbation, l'exécution et la conformité continue des contrats. Ce système doit inclure des alertes pour les échéances importantes et les renouvellements.

Formation et Sensibilisation

- **Objectif** : Former le personnel à l'importance de la

validation légale et de l'approbation.
- **Action** : Organisez des sessions de formation régulières pour sensibiliser le personnel aux étapes critiques de la validation légale et de l'importance d'obtenir les approbations nécessaires pour assurer une conformité totale.

En suivant ces étapes rigoureuses pour valider légalement et approuver un contrat révisé, vous pouvez garantir que l'accord est juridiquement solide, équilibré et conforme aux exigences réglementaires. Cela contribue à une exécution sans heurts et protège les intérêts de toutes les parties impliquées.

6.4 Suivi et mise à jour des contrats

Le suivi et la mise à jour des contrats sont des processus essentiels pour garantir que les accords restent pertinents, conformes et avantageux à long terme. Une gestion proactive des contrats permet de détecter et de rectifier les éventuelles défaillances avant qu'elles n'entraînent des conséquences négatives. Voici comment mettre en place un suivi efficace et des pratiques de mise à jour régulière des contrats :

Mise en Place d'un Système de Suivi

Système de Gestion Contractuelle (CMS)

- **Objectif** : Centraliser et automatiser le suivi des contrats.
- **Action** : Implémentez un logiciel de gestion des contrats (CMS) qui permet de stocker, organiser et suivre tous les contrats en un seul endroit. Les fonctionnalités clés incluent les alertes de dates d'échéance, les rappels de renouvellement et les suivis de conformité.

Base de Données Centralisée

- **Objectif** : Faciliter l'accès et la gestion des contrats.
- **Action** : Créez une base de données centralisée ou un référentiel pour stocker toutes les copies électroniques et physiques des contrats. Assurez-vous que cette base de données est sécurisée et accessible aux personnes autorisées uniquement.

Surveillance Continue

Calendrier des Échéances

- **Objectif** : Ne pas manquer les dates clés pour la révision, le renouvellement ou la résiliation des contrats.
- **Action** : Maintenez un calendrier des échéances avec des alertes automatiques pour les dates importantes comme les renouvellements, les audits de performance, et les révisions annuelles.

Suivi des Performances
- **Objectif :** Évaluer la conformité et l'efficacité du contrat en cours d'exécution.
- **Action :** Mettez en place des indicateurs de performance clés (KPI) pour suivre les obligations contractuelles et évaluer les performances des parties. Par exemple, suivez les dates de livraison, la qualité des produits/services, et les délais de paiement.

Mise à Jour des Contrats

Audits Périodiques
- **Objectif :** Vérifier la conformité et l'efficacité des contrats à intervalles réguliers.
- **Action :** Programmez des audits périodiques pour examiner chaque contrat en cours d'exécution. Identifiez les clauses obsolètes, les ambiguïtés et les besoins de révision. Documentez les trouvailles et les actions correctives nécessaires.

Révisions Annuelles
- **Objectif :** S'assurer que le contrat reste aligné avec les objectifs de l'organisation et les évolutions réglementaires.
- **Action :** Procédez à une révision annuelle des contrats pour vérifier leur pertinence actuelle. Considérez les modifications de lois, les changements industriels, et les transformations internes de l'entreprise qui peuvent affecter le contrat.

Processus de Modification

Procédures de Modification
- **Objectif :** Faciliter les modifications contractuelles de manière structurée et approuvée.
- **Action :** Établissez des procédures claires pour la modification des contrats, y compris la documentation des changements proposés, les approbations

nécessaires, et la mise à jour des versions officielles du contrat.

Documentation des Modifications

- **Objectif** : Assurer une traçabilité et une transparence des modifications apportées.
- **Action** : Tenez un registre des modifications pour chaque contrat, indiquant la nature des changements, les raisons, et les parties responsables de l'approbation. Archivez toutes les versions révisées et les documents d'approbation.

Gestion des Risques et Conformité
Suivi de la Conformité Réglementaire

- **Objectif** : Maintenir la conformité avec les régulations en constante évolution.
- **Action** : Assurez une veille réglementaire continue pour identifier les nouvelles lois et régulations qui pourraient affecter les contrats en cours. Modifier les contrats en conséquence pour rester en conformité.

Plan de Gestion des Risques

- **Objectif** : Anticiper et gérer les risques potentiels liés aux contrats.
- **Action** : Développez un plan de gestion des risques spécifiques aux contrats, incluant l'identification des risques potentiels, l'évaluation de leur impact et la mise en place de stratégies d'atténuation.

Communication et Collaboration
Partage d'Informations

- **Objectif** : Faciliter une communication transparente entre toutes les parties prenantes.
- **Action** : Mettez en place des canaux de communication clairs et réguliers pour partager des informations sur l'état d'avancement des contrats, les audits et les révisions. Utilisez des plateformes collaboratives pour

les discussions et les mises à jour en temps réel.

Formation Continue
- **Objectif** : Former les membres de l'équipe sur les meilleures pratiques de gestion des contrats.
- **Action** : Offrez des sessions de formation continue sur la gestion des contrats, incluant l'utilisation des logiciels de gestion, la révision légale, et les procédures de mise à jour.

Évaluation et Amélioration

Revues de Performance des Contrats
- **Objectif** : Évaluer l'efficacité globale de vos pratiques de gestion des contrats.
- **Action** : Réalisez des évaluations périodiques des performances des contrats pour identifier les points forts et les domaines à améliorer. Adaptez vos processus basés sur les retours d'expérience et les leçons apprises.

Feedback des Parties Prenantes
- **Objectif** : Recueillir des retours constructifs des parties prenantes pour améliorer les processus.
- **Action** : Organisez des sessions de feedback avec les parties prenantes internes et externes pour discuter des améliorations potentielles. Intégrez ces suggestions pour affiner les pratiques de suivi et de mise à jour des contrats.

En suivant ces étapes méthodiques pour le suivi et la mise à jour des contrats, vous pouvez vous assurer que vos accords restent en phase avec les objectifs de l'organisation et les exigences légales. Une gestion proactive et régulière des contrats contribue à la stabilité des relations commerciales et à la minimisation des risques liés à l'exécution contractuelle.

6.5 Gestion des litiges et des conflits

La gestion des litiges et des conflits est une composante essentielle de la gestion contractuelle. Des désaccords peuvent survenir à tout moment de la vie d'un contrat, il est donc crucial de disposer de stratégies et de procédures pour les résoudre de manière efficace et équitable. Voici les étapes clés et les meilleures pratiques pour gérer les litiges et les conflits dans le cadre des contrats commerciaux :

Identification Précoce des Conflits

Surveillance Continue

- **Objectif** : Détecter les signes précurseurs de conflits tôt.
- **Action** : Mettez en place des mécanismes de surveillance tels que des indicateurs de performance et des rapports réguliers pour identifier rapidement les déviations par rapport aux termes du contrat.

Communication Ouverte

- **Objectif** : Encourager une communication proactive entre les parties.
- **Action** : Établissez des canaux de communication clairs et ouverts, où les parties peuvent soulever des préoccupations sans crainte de représailles.

Procédures de Résolution des Conflits

Clause de Résolution des Litiges

- **Objectif** : Prévoir des méthodes spécifiques pour la résolution des litiges dans le contrat.
- **Action** : Intégrez des clauses de résolution des litiges dans le contrat, par exemple des clauses de médiation, d'arbitrage, ou de résolution judiciaire, définissant clairement les étapes à suivre en cas de désaccord.

Médiation

- **Objectif** : Résoudre les conflits à l'amiable avant d'engager des procédures plus formelles.

- **Action** : Utilisez la médiation comme première étape, permettant à une tierce partie neutre d'aider les parties à trouver un accord mutuellement acceptable.

Arbitrage
- **Objectif** : Fournir une alternative rapide et privée au contentieux judiciaire.
- **Action** : Si la médiation échoue, passez à l'arbitrage conformément à la clause d'arbitrage prévue dans le contrat. Engagez un arbitre qualifié pour évaluer les arguments des deux parties et rendre une décision exécutoire.

Documentation et Collecte de Preuves
Conservation des Documents
- **Objectif** : Maintenir une documentation appropriée pour soutenir votre position en cas de litige.
- **Action** : Conservez une archive organisée de tous les documents contractuels, correspondances, rapports de performance, et preuves de conformité ou non-conformité.

Rapports de Conflit
- **Objectif** : Documenter formellement les conflits et les tentatives de résolution.
- **Action** : Préparez des rapports détaillés sur chaque conflit, incluant les dates, les parties impliquées, les problèmes soulevés, les actions entreprises, et les résultats obtenus.

Solutions Proactives
Réunions de Résolution de Conflits
- **Objectif** : Faciliter des discussions directes pour trouver des solutions.
- **Action** : Organisez des réunions spécifiques pour la résolution des conflits, en réunissant toutes les parties prenantes pour discuter des problèmes et explorer les

solutions.

Accords Temporaires

- **Objectif :** Mettre en place des solutions provisoires pour atténuer les tensions.
- **Action :** Élaborez des accords temporaires qui permettent aux parties de continuer à travailler ensemble tout en discutant des solutions à long terme. Par exemple, ajuster temporairement les délais de livraison ou les conditions de paiement.

Mitigation des Risques

Audits Réactifs

- **Objectif :** Identifier et corriger les problèmes avant qu'ils ne deviennent des conflits.
- **Action :** Mettez en place des audits réactifs lorsque des problèmes potentiels sont détectés, afin d'évaluer rapidement la situation et de prendre des mesures correctives.

Formations sur la Résolution de Conflits

- **Objectif :** Former les équipes à identifier et résoudre les conflits efficacement.
- **Action :** Offrez des formations régulières aux employés et aux managers sur les techniques de résolution des conflits et les stratégies de négociation.

Suivi et Feedback

Suivi Post-Résolution

- **Objectif :** Assurer la mise en œuvre et l'efficacité des solutions trouvées.
- **Action :** Après la résolution d'un conflit, suivez de près la mise en œuvre des solutions convenues pour vérifier qu'elles sont effectives et que les problèmes ne réapparaissent pas.

Évaluation des Processus

- **Objectif :** Améliorer continuellement les processus de

gestion des conflits.
- **Action :** Recueillez des feedbacks des parties impliquées après la résolution d'un conflit pour identifier les points d'amélioration dans les processus de gestion des conflits. Revisez et ajustez les procédures en fonction des leçons apprises.

Une gestion proactive et bien structurée des litiges et des conflits est cruciale pour maintenir des relations d'affaires saines et efficaces. En intégrant des clauses de résolution des litiges, en favorisant la communication ouverte, et en établissant des procédures claires, vous pouvez minimiser les impacts négatifs des conflits et assurer une continuité dans l'exécution des contrats. La prévention, l'identification rapide et la résolution efficace des conflits sont autant de clés pour garantir la stabilité et le succès des relations contractuelles à long terme.

6.6 Modes de résolution des conflits

Lorsqu'un conflit survient dans l'exécution d'un contrat commercial, il est essentiel de recourir à des modes de résolution des conflits efficaces et adaptés. Ces modes peuvent varier en fonction de la nature du conflit, des préférences des parties et de la juridiction applicable. Voici une présentation des principaux modes de résolution des conflits, avec leurs avantages et considérations spécifiques :

La Négociation

Objectif : Trouver une solution mutuellement acceptable par les parties elles-mêmes, sans intervention extérieure. **Méthode :**

- **Discussion Directe** : Les parties s'engagent dans des discussions directes et ouvertes pour résoudre le conflit.
- **Flexibilité** : Les parties conservent un contrôle total sur le processus et les résultats.
- **Confidentialité** : La négociation est généralement privée et les discussions demeurent confidentielles.

Avantages :

- Rapidité et coût réduit.
- Préservation de la relation d'affaires.
- Solutions créatives adaptées aux besoins spécifiques des parties.

Inconvénients :

- Risque de blocage si les parties ne peuvent pas atteindre un compromis.
- Absence de tierce partie neutre pouvant conduire à un déséquilibre de pouvoir.

La Médiation

Objectif : Faciliter la communication entre les parties avec l'aide d'un médiateur neutre pour parvenir à une solution amiable. **Méthode :**

- **Intervention du Médiateur** : Un médiateur indépendant

aide à identifier les points de blocage, à favoriser le dialogue et à proposer des pistes de solution.
- **Procédure Volontaire** : La participation est volontaire et les parties doivent consentir aux solutions proposées.

Avantages :
- Neutralité et impartialité du médiateur.
- Processus confidentiel et informel.
- Grande flexibilité et potentielle préservation des relations commerciales.

Inconvénients :
- Décision non contraignante sauf accord écrit des parties.
- Efficacité dépendante de la bonne foi des parties.

L'Arbitrage

Objectif : Obtenir une décision exécutoire de la part d'un arbitre ou d'un tribunal arbitral. **Méthode :**
- **Tribunal Arbitral** : Les parties soumettent leur conflit à un ou plusieurs arbitres qui rendent une décision finale et exécutoire appelée sentence arbitrale.
- **Procédure Formalisée** : Bien que plus flexible que la justice étatique, l'arbitrage suit une procédure formelle définie par les parties ou les règles de l'institution arbitrale choisie.

Avantages :
- Décision rapide et généralement moins coûteuse que la justice ordinaire.
- Confidentialité du processus.
- Spécialisation de l'arbitre dans le domaine du litige.

Inconvénients :
- Coût potentiellement élevé des honoraires d'arbitres.
- Peu de possibilités de recours contre la décision arbitrale.

La Conciliation

Objectif : Trouver un accord avec l'aide d'un conciliateur, souvent intégré dans le cadre d'une institution de règlement des conflits.

Méthode :

- **Rôle du Conciliateur :** Le conciliateur joue un rôle actif en suggérant des solutions et en aidant les parties à parvenir à un accord.
- **Procédure Collaboratrice :** Similaire à la médiation mais avec une participation plus incisive du conciliateur.

Avantages :

- Processus rapide et souvent informel.
- Intervention d'un tiers pouvant proposer des solutions concrètes et réalistes.
- Accord de conciliation souvent moins coûteux qu'un procès.

Inconvénients :

- Non-contraignant sauf si un accord est formalisé.
- Nécessite la bonne volonté des parties pour être efficace.

La Litigation

Objectif : Obtenir une décision judiciaire devant les tribunaux étatiques. **Méthode :**

- **Procédure Légale :** Les parties mènent un procès devant les tribunaux, suivant une procédure formalisée dictée par le Code de procédure civile ou pénale.
- **Décision Judiciaire :** Le juge rend une décision contraignante et exécutoire.

Avantages :

- Décision contraignante et possibilité de recours.
- Processus public souvent perçue comme équitable.

Inconvénients :

- Longue durée et coût élevé des procédures judiciaires.
- Possibilité d'endommagement des relations

commerciales.
- Manque de confidentialité.

Considerations pour Choisir un Mode

Nature du Conflit
- Des conflits techniques ou spécifiques peuvent bénéficier de l'expertise de l'arbitrage, tandis que les conflits relationnels sont souvent mieux traités par la médiation.

Coûts et Durée
- Choisissez un mode en tenant compte des ressources financières disponibles et du besoin d'une résolution rapide ou non.

Relation Future
- Considérez l'impact du mode de résolution sur la relation future entre les parties. La médiation et la conciliation tendent à mieux préserver les relations commerciales.

Conformité Juridique
- Assurez-vous que le mode de résolution choisi est reconnu et applicable dans les juridictions pertinentes.

En intégrant une procédure de gestion des conflits bien définie dans vos contrats, et en choisissant le mode de résolution le plus approprié pour chaque situation, vous pouvez réduire les risques de contentieux prolongés et assurer une exécution plus fluide des accords contractuels. La clé est de rester flexible, pragmatique et de s'assurer que le choix du mode de résolution sert au mieux les intérêts de toutes les parties concernées.

CONCLUSION

Maîtriser l'art de corriger et réviser un contrat commercial est une compétence inestimable dans le monde des affaires d'aujourd'hui. Grâce à cet ouvrage, vous avez exploré les structures fondamentales des contrats commerciaux, les techniques pour analyser et ajuster les clauses, et les stratégies pour mener des négociations efficaces et aboutir à des accords équilibrés.

Une bonne révision contractuelle ne se limite pas à identifier des erreurs ou des omissions, mais implique également de créer des documents clairs, précis et juridiquement solides. En combinant une compréhension approfondie des éléments juridiques avec des compétences pratiques de négociation et de gestion, vous êtes désormais mieux équipé pour protéger vos intérêts et établir des relations commerciales durables.

Que vous soyez professionnel du droit, entrepreneur ou gestionnaire de contrats, l'intégration de ces connaissances dans votre pratique quotidienne vous permettra d'éviter les pièges courants, de renforcer la coopération avec vos partenaires et de sécuriser vos engagements contractuels. En fin de compte, les compétences acquises grâce à cet ouvrage contribueront à la croissance et à la stabilité de vos activités commerciales.

En abordant chaque contrat avec diligence, expertise et une attention méticuleuse aux détails, vous pouvez transformer chaque accord en une opportunité réussie et mutuellement bénéfique, assurant ainsi le succès continu de vos entreprises et collaborations.

www.ingramcontent.com/pod-product-compliance
Lightning Source LLC
Chambersburg PA
CBHW072051230526
45479CB00010B/680